台湾と日本を結ぶ鉄道史

日台鉄道交流の100年

結解喜幸
Kekke Yoshiyuki

交通新聞社新書 108

はじめに

近年、日本と台湾の鉄道交流が活発となり、路線や駅、車両を対象にした姉妹鉄道協定や友好鉄道協定、観光連携協定などが結ばれるようになった。日本と台湾の鉄道交流は１９８６年１月25日の大井川鐵道と阿里山森林鐵路の姉妹鉄道に始まるのだが、当時の阿里山森林鐵路は行政院農業委員会林務局の管理下にあった。このため、台湾鐵路管理局と日本の鉄道との提携は、２０１２年３月の北海道旅客鉄道のＣ11形蒸気機関車牽引の「ＳＬ冬の湿原号」と台湾各地のイベント列車で使用されるＣＫ１２４形蒸気機関車（日本のＣ12形と同型・日本車輛製）の姉妹列車提携がはじめてとなる。この姉妹列車提携は、日本の鉄道と台鐵との姉妹提携・交流事業などを推進する台日鐵道交流事業促進協議會（現・台日鐵道交流促進協會）の伊藤一己氏と峰雪剛氏《みねゆきつよし》が、ＪＲ北海道釧路支社と台湾鐵路管理局との相互交流の仲介役となった。

日本の鉄道と台鐵との交流事業が本格化したのは、２０１３年４月の黒部峡谷鉄道姉妹提携および江ノ島電鉄と平溪線の観光連携協定からのことで、２０１３年10月から２０１６年８月までの約３年間に新たに日本の15鉄道事業者が姉妹鉄道・姉妹駅・友好鉄道協定・観光連携協定などを締結している。各種協定を締結した各社および台鐵では、相互の乗車券無償交換やラッピング車両の運行、記念乗車券の発行だけでなく、相互の観光客誘致に向けた施策が行われるようになった。

　また、台鐵の駅弁が日本でも販売されたほか、北海道風味の駅弁を台鐵で販売するなど、食を通じた交流も盛んになった。2015年夏の台湾美食展では、東日本旅客鉄道や西武鉄道が参加する駅弁コーナーが設置され、さらに2016年夏の開催では日本の鉄道事業者5社が自慢の駅弁を販売している。

　本書では、日本と台湾の鉄道の100年以上におよぶ歴史を考察しながら、現在盛んに行われるようになった鉄道交流についての過程と今後の展開を記すことにした。

【凡例】

●本書に出てくる在来線を運行する交通部臺灣鐵路管理局（国有鉄道）は、台湾鐵路管理局または台鐵と表記している。このほか、台灣高速鐵路（台湾新幹線）は台灣高鐵または高鐵、台北捷運は台北MRT、高雄捷運は高雄MRTまたは高雄メトロと表記している。

●ルビは日本統治時代の路線・駅・地名の読みを「ひらがな」、戦後は北京語またはホーロー語（台湾語）の読みを実際の発音に近いと思われる「カタカナ」で表記している。なお、台湾人の方の名前の読みについては、臺灣鐵路管理局および台湾観光局のプレス資料に使用される「日本語読み」で表記している。

●漢字に関しては一部を除いて新字を使用しているが、日本で旧字が使用される会社名などはそのまま表示している。

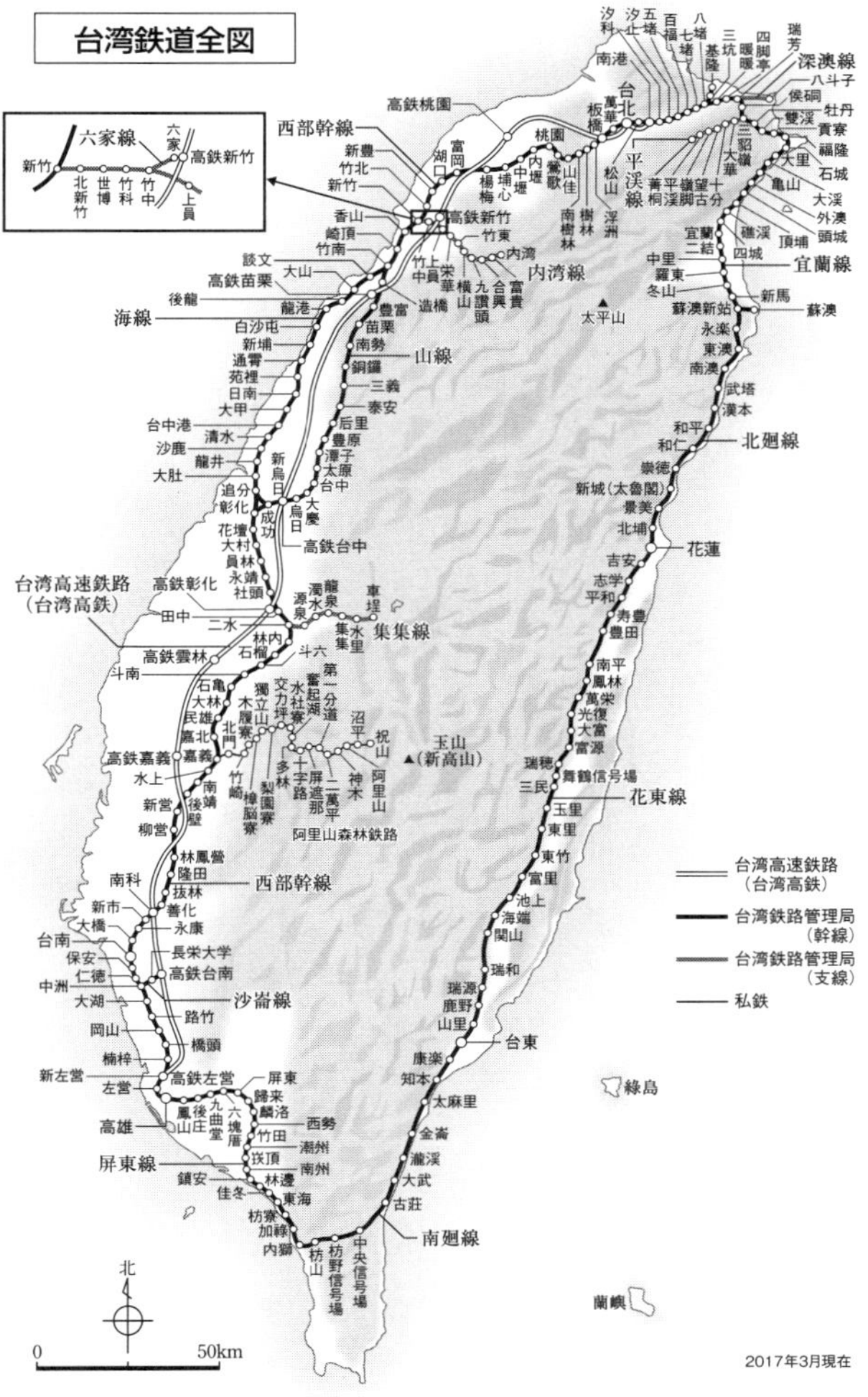
台湾鉄道全図
六家線
六家
高鉄新竹
新竹
北新竹
世博
竹科
竹中
上員
西部幹線
高鉄桃園
新豊
竹北
新竹
富岡
湖口
楊梅
埔心
中壢
内壢
桃園
鶯歌
山佳
南樹林
樹林
板橋
萬華
台北
松山
南港
汐科
汐止
五堵
百福
七堵
八堵
基隆
三坑
暖暖
四脚亭
瑞芳
深澳線
八斗子
侯硐
三貂嶺
平渓線
菁桐
平渓
嶺脚
望古
十分
大華
浮洲
牡丹
雙渓
貢寮
福隆
石城
大里
亀山
大渓
外澳
頭城
頂埔
礁渓
四城
宜蘭
二結
中里
羅東
冬山
宜蘭線
新馬
蘇澳新站
蘇澳
永楽
東澳
南澳
武塔
漢本
和平
和仁
北廻線
崇徳
新城（太魯閣）
景美
北埔
花蓮
吉安
志学
平和
寿豊
豊田
南平
鳳林
萬栄
光復
大富
富源
瑞穂
舞鶴信号場
三民
花東線
玉里
東里
東竹
富里
池上
海端
関山
瑞和
瑞源
鹿野
山里
台東
康楽
知本
太麻里
金崙
瀧渓
大武
古莊
南廻線
中央信号場
枋野信号場
枋山
内獅
加祿
枋寮
東海
林邊
佳冬
鎮安
南州
潮州
崁頂
竹田
西勢
麟洛
歸来
屏東
六塊厝
九曲堂
後庄
鳳山
屏東線
高雄
左営
新左営
高鉄左営
楠梓
橋頭
岡山
路竹
大湖
中洲
仁徳
保安
台南
沙崙線
高鉄台南
長栄大学
永康
大橋
新市
善化
南科
抜林
隆田
林鳳營
柳営
新営
後壁
南靖
水上
嘉義
高鉄嘉義
嘉北
民雄
大林
石亀
斗南
高鉄雲林
斗六
石榴
林内
二水
田中
台湾高速鉄路
（台湾高鉄）
高鉄彰化
社頭
永靖
員林
大村
花壇
彰化
成功
追分
大肚
龍井
沙鹿
清水
台中港
大甲
日南
苑裡
通霄
新埔
白沙屯
龍港
後龍
海線
高鉄苗栗
大山
談文
竹南
崎頂
香山
竹上
中員
栄華
横山
九讃頭
合興
富貴
竹東
内湾
内湾線
造橋
豊富
苗栗
南勢
山線
銅鑼
三義
泰安
后里
豊原
潭子
太原
台中
新烏日
烏日
大慶
高鉄台中
源泉
濁水
龍泉
車埕
集集
水里
集集線
北門
竹崎
木履寮
獨立山
樟腦寮
梨園寮
交力坪
水社寮
奮起湖
多林
十字路
屏遮那
第一分道
二萬平
神木
沼平
阿里山
祝山
阿里山森林鉄路
西部幹線
太平山
玉山
（新高山）
緑島
蘭嶼
北
0
50km
台湾高速鉄路
（台湾高鉄）
台湾鉄路管理局
（幹線）
台湾鉄路管理局
（支線）
私鉄
2017年3月現在

日本統治時代の台湾鉄路

※駅名はすべて当時のものに従っている。
※私設鉄道は旅客営業をしている路線のみを掲載した。
※データは1943(昭和18)年10月現在のもの。

台湾と日本を結ぶ鉄道史――目次

第五章　日台鉄道交流の展望

第1章

台湾の鉄道のはじまりは日本との歴史から

台湾鉄路のはじまり

●清国が敷設した台湾初の鉄道

台湾にはじめての鉄道が敷設されたのは清国統治下の１８９０年夏のことで、北の港町・基隆《きいるん》と台北《たいほく》の間の28・6キロが完工した。実際に営業列車の運行が開始されたのは翌１８９１年10月で、現在の八堵《はっと》・汐止《しおどめ》（当時は水返脚《すいへんきゃく》）・南港《なんこう》・松山（当時は錫口《しゃっこう》）とほぼ同じ位置に4駅が設置された。また、台北駅は現在よりも西の淡水河に突き当たる場所にあり、淡水河を渡って新《しん》竹《ちく》・台中《たいちゅう》・台南《たいなん》方面へと延伸される計画であった。

淡水河に突き当たるように設置された台北駅は、淡水河の水運との接続を考慮したスタイルであり、その後の延伸工事ではスイッチバックした線路が河に沿って北へと向かい、淡水河を渡って新竹へと線路が敷設されている。

そして、１８９３年10月には、台北～新竹間の78・1キロが開業し、基隆～台北～新竹間が鉄道で結ばれるようになる。ドイツから輸入した蒸気機関車や客車、貨車が混合列車で運行されていたが、当時の日本の軽便鉄道と同等のレベルであったという。現在、国立台湾博物館の前庭にある展示場には、１８８７年にドイツのホーヘンツォレルン社が製造した第1号機関車「騰雲

国立台湾博物館に展示される第1号機関車（左奥）と新橋～横浜間開業時の9号機関車

號」が保存展示されている。第2号機関車「御風號」とともに、台湾初の鉄道で活躍したもので、日本統治後も接収されて使用されていた。

清国の手によって基隆～台北間を結ぶ鉄道が開業した4年後の1895（明治28）年、当時の台湾に住む人にとって青天の霹靂と思える事態が起こった。日清戦争に勝利した日本は、山口県赤間関において清国と「下関条約（日清講和条約）」を締結。清国は台湾と澎湖島、遼東半島を日本に割譲することとなり、1895年6月17日に初代台湾総督に着任した樺山資紀《かばやまのりすけ》海軍大将により始政式が執り行われた。これにより、清国が設けた鉄道施設は台湾総督府に接収され、日本統治による鉄道の運行が開始されることとなった。

日本統治時代の縦貫鉄道の建設

●困難を極めた鉄道建設

1895年6月17日に始政式が執り行われて日本が統治することになった台湾だが、日本統治に反対する抗日勢力がゲリラ的に活動しており、さらに清国が敷設した基隆～台北～新竹間の鉄道も一部が破壊されて列車を運行できない状態であった。清国が敷設した鉄道は日本の地方鉄道に見られた軽便鉄道以下のものであり、この区間においても大規模な改良・修復工事を必要としていた。台湾に鉄道はあるものの使いものにならず、新たに建設工事を行なうこととなった区間もあった。台湾での鉄道敷設工事は日本の陸軍が担当し、まずは基隆～台北～新竹間の復旧工事が早急に行われた。

初代台湾総督の樺山資紀は台湾の統治に当たり、鉄道建設の重要性を一番に考えていたという。大型の輸送船や軍艦が出入りできるように基隆港を整備するとともに、基隆から台北・台中・台南・打狗《たかお》（後の高雄《たかお》）まで人や物資を運ぶ縦貫線を建設すれば、台湾の統治と発展の土台が出来上がると考えていたのだろう。そして、鉄道敷設のための調査が開始され、現在ある基隆～新竹間の路線に続けて、苗栗《びょうりつ》・台中・嘉義《かぎ》・台南の各都市を経由して打狗に至る縦貫鉄道の

1919年3月から使用された台湾総督府。現在は中華民国総統府となっている

日本統治時代の縦貫鉄道建設の難工事区間に残る明治期のレンガ造りの橋梁跡

ルートが決定した。

縦貫鉄道の建設は官設鉄道とする予定であったが、台湾鉄道の経営を考えていた民間が設立した「台湾鉄道会社」に敷設許可を与えることとなった。日本においても西南戦争で政府の資金が底をつく状態であった当時、上野~青森間の日本鉄道を筆頭に、関西鉄道、山陽鉄道、九州鉄道など主な幹線が、民間の設立した私鉄線として開業・運行されていた。日本鉄道などの主要な私鉄の国有化は1906~1907年のことであり、1896年に台湾総督府が敷設を民間に委託したのは不思議なことではなかった。

1896年10月から4年以内に新竹~台中~台南~打狗間の鉄道を敷設することを条件に許可が与えられたが、民間会社における鉄道建設は資金難で頓挫し、台湾鉄道会社そのものが消滅してしまった。鉄道経営に成功した日本鉄道や山陽鉄道などの私鉄を見て、ひと山当てようと思ったのかもしれないが、元々鉄道建設ができるだけの資金を持つ会社ではなく、資金調達も上手くいかなかったのだという。

●主要都市を結ぶ鉄道が完成

当時の日本政府は日清戦争後の財政難に直面していたが、台湾を統治するのに鉄道建設が不可欠であることを認識しており、頓挫した台湾鉄道会社に代わって官設鉄道として敷設することを決議した。

１８９８年２月、第４代台湾総督に就任した児玉源太郎は、自らの補佐役となる民政局長（同年６月から民政長官）として後藤新平を抜擢した。児玉が臨時陸軍検疫部長であった当時、行政手腕に優れた部下であった後藤新平に目を付けていたことが、その後の台湾鉄道の建設を推進する重要なきっかけとなった。

１８９８年３月に台湾鉄道敷設部が設けられ、縦貫鉄道敷設のための準備が整えられた。民政部鉄道掛と合併して台湾総督府鉄道部が発足すると、初代鉄道部長に民政長官兼務の後藤新平、初代技師長には長谷川謹介が就任した。民政長官であった後藤新平は台湾の実情を徹底的に調査し、清朝の法制度の研究や現地の社会習慣を熟知したうえで、経済改革とインフラ建設を強引に進めた人物であり、実際の鉄道建設は長谷川謹介《きんすけ》に委ねられていた。

１９０６年に南満州鉄道の初代総裁に就任した後藤新平は、後に鉄道院総裁として日本国内の鉄道を整備することになるのだが、台湾総督府時代は必要な人材の招へいや、社会問題となっていた阿片《あへん》吸引の習慣を禁止することなく、徐々に阿片常習者を減少させる緩やかな施政をとるなど、台湾では鉄道建設ではなく行政面での功績を残している。

長谷川謹介の提案により基隆～新竹間の新たなルートによる線路の敷設や、高雄に至る最終的なルートが決定された。明治期の日本の鉄道敷設でも問題となったと言われる市街地への乗り入れ反対（町が寂れると信じられていた）があり、一部の区間は繁栄する市街地を避けて敷設することになるが、日本と同様に鉄道ルートから外れた町が後に寂れることになった。

この当時は抗日ゲリラによる攻撃もあり、土地を手放さない地主がいたため、建設工事は困難を極めることとなる。さらに建設資材の運搬や調達、工事に携わる人員の確保など諸問題が山積していたが、１８９９年から本格的に南北から進められた建設工事は、最後の難関といわれた中部の三叉河《さんさほ》（現在の三義）～葫蘆墩《ころとん》（現在の豊原）間が１９０８年４月に完成したことで終了した。

１９０８年４月20日、基隆～台北～台中～台南～打狗間を結ぶ全長４０８・５キロの縦貫鉄道が全通した。同年10月24日には台中公園において開通記念式典が挙行され、日本本土からも当時の政財界人が多数出席した。縦貫鉄道の全通によって台湾の豊富な資源を日本本土に送ることが容易となり、さらに台湾における産業の発展に寄与するものであり、日本本土の政財界からも大きな期待が寄せられていたのである。

台灣の鉄道の起点となる0キロポストが設置されている縦貫線基隆駅

現在も主要都市間を結ぶ幹線として特急列車「自強號」が走る台鐵の縦貫線

1935年の大震災で崩壊した魚籐坪橋梁と廃止となった旧山線を走るSL列車

未知に挑戦した日本人技術者

●台鐵最高地点だった旧山線

1908年4月に縦貫鉄道最後の区間として開業した三叉河〜葫蘆墩間は、大安《たいあん》溪や濁水《だくすい》溪、大甲《たいこう》溪など台湾有数の大河川が流れるところであり、さらに起伏に富んだ丘陵地帯が控えていた。降雨が続くとすぐに水かさが増し、急流となって橋脚を押し流すという状況となるため、橋梁の建設は困難を極めることとなった。丘陵地帯に大きな河川という組み合わせは建設工事を阻むものであり、当時の台湾総督府鉄道部の技師たちにとっては、未知の土木工事に挑戦するものであった。

1998年9月25日、三義（当時は三叉河）〜后里（当時は后里庄《こうりしょう》）間がトンネルと高架橋で一直線

SL列車が走る観光鉄道として復活した旧山線。現在は列車の運行が休止されている

日本統治時代から1998年9月の新線開業まで台鐵最高地点であった勝興駅

に結ばれる新線に切り替えられた。日本統治時代に9か所のトンネルと2つの長い橋梁で結ばれた区間であり、途中のサミットに設置された信号所（後に十六份《じゅうろっぷん》駅、戦後は勝興《センシン》駅と改称）は縦貫鉄路の最高地点となる海抜402・326メートルに位置していた。

1998年の新線開業により旧山線と呼ばれることになった三義～勝興～后里（旧駅。新駅は高架橋上に設置）間は、観光鉄道用として線路が整備されており、一時期はSL列車の運転が行われることもあった。1912年建築の勝興駅舎および周辺は観光スポットになっており、1935年の新竹・台中州地震で崩壊した魚籐坪橋梁の橋桁の残骸も国家二級古蹟として保存されている。

●各地に残る日本統治時代の駅舎

日本統治時代に完成した縦貫線（山線・海線）や淡水《たんすい》線、宜蘭《ぎらん》線、屏東《へいとう》線、平溪《へいけい》線、集集《しゅうしゅう》線には、当時建築された木造駅舎やルネッサンス様式の赤レンガ駅舎、昭和初期のコンクリート駅舎が残されていた。しかし、1980年代の近代化によって新しい駅舎に建て替えられるとともに、日本統治時代の駅舎が徐々に姿を消すようになった。縦貫線の起点となる基隆駅や首都の玄関口となる台北駅など、荘厳な雰囲気の駅舎が取り壊されたことに危機を感じた人々は、歴史的・文化的な駅舎を残すことを提案していた。１９９０年代になると歴史的建造物の保存が各地で検討されるようになり、駅舎についても地元が中心となって保存されるようになった。

・七堵《チードゥー》駅（縦貫線）
１８９７年８月11日に清国時代の八堵火車碼頭を改称。２００７年１月20日まで使用された日本式木造駅舎は、縦貫線西側の旧駅舎跡に保存されている。

・山佳《シャンジャー》駅（縦貫線）
１９０３年10月７日に山仔脚駅として開業。１９６２年に山佳駅と改称された。１９３１年建造の日本式木造駅舎が使用されていたが、２０１１年９月20日に橋上駅舎が完成した。新北市の古蹟に指定され、約１年間の修復を経て２０１７年２月18日から公開されている。

・新竹《シンチュー》駅（縦貫線）
１９１３年３月31日建造のバロック様式の駅舎が残る。２０１３年に１００周年を迎えたのを機に東京駅との姉妹駅提携が提言され、２０１４年２月にＪＲ東日本の東京駅と姉妹駅協定を締結した。

・台中《タイツォン》駅（縦貫線台中山線）
１９１７年３月31日建造の優美な赤レンガ造りの駅舎が残る。２０１６年10月16日に高架化にあわせて新駅舎が使用開始となった。2017年3月現在、赤煉瓦造りの旧駅舎は新駅舎への玄関として使用されている。

・談文駅《タンウェン》（縦貫線海岸線）

1922年10月11日に淡文湖駅として開業。ローカル駅であったことが幸いし、開業当時の日本式建築の木造駅舎が残る。

・大山駅《ダーシャン》（縦貫線海岸線）

1922年10月11日に大山脚駅として開業。談文駅と同様に開業当時の日本式建築の木造駅舎が残る。

・新埔駅《シンプー》（縦貫線海岸線）

1922年10月11日に開業した当時の日本式木造駅舎が残る。縦貫線で一番海に近い駅となる。

・日南駅《リーナン》（縦貫線海岸線）

1922年10月11日に開業した当時の日本式木造駅舎が残る。駅舎側面に丸窓を配置するなどお洒落なスタイルとなっている。JR九州日南線の日南駅との交流があり、共同イベントなどが企画されている。

・追分駅《ツェンゴン》（縦貫線海岸線）

1922年10月11日に開業した日本式木造建築の日南駅。海岸線に同スタイルの駅舎が残る

１９２２年10月11日に開業した当時の日本式木造駅舎が残る。海岸線と台中山線を結ぶ成追《ツェンツェイ》線の分岐駅であり、その意味で追分の駅名が付けられた。

・嘉義《ジャーイー》駅（縦貫線）

１９０２年４月20日に縦貫線の主要駅のひとつとして開業。現在の駅舎は、昭和初期に日本で建築されたコンクリート造り駅舎と同じスタイルであり、上野駅や小樽駅と似た外観となっている。

・後壁《ホービー》駅（縦貫線）

１９０２年４月20日に後壁寮乗降場として開業。１９２０年10月１日の地名改正で後壁駅となった。１９４２年建造の日本式木造駅舎が残る。映画のロケに使用されたことで注目を集め、見学者が訪れるようになったため、駅前広場が整備されている。

・林鳳營《リンフォンイン》駅（縦貫線）

1901年12月16日に林鳳營乗降場として開業。1943年9月建造の日本式木造駅舎が残る。後壁駅と同様に中央に玄関、駅舎右手に待合室、左手に駅長事務室が配置されている。

・台南《タイナン》駅（縦貫線）

1900年11月29日に台南駅として開業。1936年3月15日に白亜の瀟洒なスタイルをした2代目駅舎が完成。当時は2階に鉄道ホテル・レストランがあったが、1965年にホテル、1986年にはレストランが廃止となり、現在は使用されていない。なお、ホテルの復元・保存が予定されている。

・保安《バオアン》駅（縦貫線）

1900年11月29日に車路墘《しゃろけん》駅として開業。1909年11月10日に現在地に移動し、阿里山のヒノキ材を使用した日本式木造駅舎が残る。1962年12月15日に現地の村名から保安駅に改称している。

・橋頭《チャオトオ》駅（縦貫線）

1901年5月15日に橋仔頭《きょうしとう》乗降場として開業。1920年10月1日の地名改正で橋子頭駅となり、日本式木造駅舎が残されていた。2008年3月18日に高雄捷運との共同高架駅が共用を開始したため、旧駅舎はそのままの姿で保存され、旧待合室はバス待合室となっている。

現在は高架駅となった台中駅の玄関として鎮座するルネッサンス様式の台中駅舎

南国の風景に溶け込む白亜の台南駅舎。日本統治時代から鉄道ホテル・レストランが併設されていた

・高雄駅《ガオション》（縦貫線）

1941年6月22日に旧高雄駅が高雄港駅に改称され、新しい高雄駅として現在地に開業した。その時に建てられたのが帝冠《ていかん》様式の重厚な駅舎であったが、高雄駅の地下化工事に伴って2002年3月に使用が中止された。旧駅舎は14日間かけて82メートル離れた現在地に移動。仮駅舎で営業中の高雄駅に新駅舎が建てられた時、新駅舎の玄関として使用されることになっている。

・竹田駅《ジューディエン》（屏東線）

1919年11月16日に頓物駅として開業。1920年10月1日の地名改正により竹田駅に改称している。1939年3月31日から日本式木造駅舎が使用されたが、老朽化で廃止される運命にあった。地元有志が駅舎の保存を前提として、「竹田驛園區」という公園の施設とした。また、駅舎に隣接して「池上一郎博士文庫」（日本統治時代に軍医として赴任。戦後に贈られた日本語の書籍を収蔵した図書館とした）があり、現在も日本と台湾を結ぶ絆となっている。

・集集駅《ジージー》（集集線）

1922年1月14日に台湾電力の専用線の駅として開業。1927年5月1日に台湾総督府に買収されて国有化された。1930年2月2日建造の日本式木造駅舎が落成して供用が開始され、地元の人々にとって集集鎮のシンボルとして大切に使われてきた。しかし、1999年9月21日

阿里山の檜材を使用して建設されたという日本式木造建築の保安駅舎

1941年に竣工した帝冠様式の高雄駅舎。高雄駅の新駅舎の玄関として使用される

に台湾中部を襲った大震災により壊滅的な被害を被ったため、駅舎を解体するしか方策がなかった。ところが、地元の人々が町のシンボルを守りたいと運動したことにより、建設当時の設計図を元に復活する案が採決された。２００１年2月7日に駅舎の修復工事が完了し、駅舎落成式典が行われた。

●東洋一の鉄道橋の建設

１９０８年に縦貫鉄道が全通すると、１９１０年代には肥沃な土地が広がる屏東平野の開発や、軍事物資・人員などの輸送強化を図るため、打狗と屏東・潮州《ちょうしゅう》方面を結ぶ鉄道建設を開始することになった。打狗から九曲堂までは１９０７年10月1日に開業していたが、九曲堂《きゅうきょくどう》の先に流れる下淡水渓《しもたんすいけい》が行く手を阻んでいた。潮州線として打狗〜九曲堂〜阿緱《あこう》（現在の屏東）〜潮州間を結ぶ計画を立てた台湾総督府鉄道部は、下淡水渓に橋梁を建設するため、設計を担当した技師の飯田豊治を現地に派遣した。

１９１３年12月に3年間の工期で完成した下淡水渓橋梁の全長は１５２６メートルで、２００フィート（約63・5メートル）の曲弦プラットトラス橋24連という壮大なものとなった。このスタイルは、９パネルのピン結合のシュウェドラートラスと呼ばれるもので、建設に用いられた鋼材は日本から高雄港・基隆港を経由して現地に運ばれて組み立てられた。なお、「東洋一の大鉄橋」と呼ばれた長大な鉄道橋の設計・工事を担当した飯田豊治は、疲労の蓄積で病に倒れ、鉄橋の完成を前にした１９１３年６月10日にこの世を去ったため、九曲堂駅の鉄橋寄りに友人たちが建立した墓と記念碑が残されている。

この鉄橋の開通により１９２０年２月22日に潮州、１９２３年10月21日には溪州《けいしゅう》（現在の南州）、さらに１９４１年12月15日は枋寮《ぼうりょう》まで延伸された。肥沃な大地から産出される農産物やサトウキビを原料とした砂糖などが鉄道で運ばれるようになり、屏東平野は大きく発展を遂げることとなった。

なお、１９８７年にコンクリート製の新高屏溪橋が完成し、日本統治時代の下淡水溪橋梁は役目を終えて撤去されることになった。地元からは歴史的・文化的価値から保存する要望が出され、それを受けて協議された結果、１９９７年に国家二級古蹟の指定を受けた。ところが２００５年の台風では中央部分のアーチ鋼材３か所が流され、その後の台風でも被害を受けることとなった。現在は中央部分が欠落したまま整備・保存されており、鉄橋上に見学のための施設も作られている。

1913年12月に完成した東洋一の長さを誇る全長1526メートルの下淡水溪橋梁

1987年に完成したコンクリート製の新高屏橋梁を渡る屏東線の旅客列車

日本統治時代の森林鉄道や竹林駅が保存される羅東林業文化園區の林業歴史展示

森林資源を搬出する山岳鉄道

●台湾の自然が育んだ資産

台湾には、木造建築の資材となるヒノキをはじめ、樟脳《しょうのう》の原料となるクスノキや砂糖の原料となるサトウキビ、石炭や金などの鉱物資源といった台湾の自然環境が育んだ資産が数多くあり、それらの輸送手段として鉄道を活用することとなった。縦貫鉄道の開業により基隆港への輸送手段は確保されていたため、後は縦貫鉄道に接続する鉄道を建設すれば、容易に運び出すことが可能となるのであった。

豊富な森林資源を輸送する森林鉄道や石炭を輸送する専用線、台湾中部から南部にかけては、サトウキビ畑から製糖工場までサトウキビを運ぶ製糖鉄道などが民間の手によって建設されていた。製糖鉄道の路線延長は、戦後の最盛期には3000キロに達しており、台湾最大の鉄道網を誇っていた。

また、島の中央が山岳地帯の台湾には、各地に森林資源が点在しており、これを運び出すための森林鉄道も敷設された。険しい山道に敷設されるため、日本の軽便鉄道と同じ軌間762ミリの路線となり、阿里山鐵道をはじめ、大平山《たいへいざん》の羅東《らとう》林鉄や八仙山《はっせんざん》の森林鉄道などが原木を積んだ貨車を運行していた。

●阿里山鐵道の建設

台湾総督府が急務のひとつとして挙げたのが、無尽蔵と言われる台湾の森林資源の開発であった。険しい山岳地帯の中には、数百年を経て育ったヒノキなどがあり、これらを伐採して輸送する手段が検討されていた。台湾各地の森林資源の調査の結果、阿里山地区のヒノキを運搬するための鉄道建設が提案され、台湾総督府殖産局の手によって専用鉄道が敷設されることになった。

1906年7月に大阪の藤田組により嘉義～竹頭崎《ちくとうざき》（竹崎）間の鉄道敷設が開始され、1907年にはアメリカから13トンのシェイ式蒸気機関車が輸入された。阿里山に向けて線路の敷設が進められていたが、1908年に資金不足により藤田組が建設を続けられなくなり、1910年には台湾総督府が工事を続けることとなった。同年10月に嘉義～竹崎間で運行が開始され、同年11月には18トンのシェイ式蒸気機関車を輸入して、この先の山岳区間の開通に備えた。

阿里山鐵道が導入したシェイ式蒸気機関車。現在は3両が動態保存されている

１９１２年12月25日、嘉義～二萬平《にまんたいら》間66・6キロが開通して試運転が行われ、さらに１９１４年には阿里山沼の平まで延伸開業した。阿里山地区では木材を運搬するための支線も建設され、伐採されたヒノキ材が嘉義に運ばれ、さらに縦貫鉄道を経由して基隆港などから日本本土へと運ばれるようになった。この時代に日本本土で建設された豪邸には、阿里山のヒノキ材が使用されることが多かった。

比較的短期間で開通した阿里山鐵道だが、縦貫線の嘉義駅と阿里山の沼の平駅の標高差は２２４４メートルに及ぶものであり、険しい山道を切り開いた先人の功を感じることができる。獨立山をぐるぐると回って上がるスパイラル線やスイッチバックなど、当時の山岳鉄道の敷設技術の粋を見ることができる。

山肌に沿って敷設された阿里山鐵道の途中駅で行き違う阿里山號と臨時列車

獨立山スパイラルループを上がった付近から嘉義方面を眺めた阿里山鐵道の車窓

台湾に残った日本統治時代の鉄道遺産

●彰化機務段の扇形車庫

１９７０年頃まで縦貫線をはじめとする各線において蒸気機関車が活躍していた台湾には、かつて台北・新竹・彰化《しょうか》・嘉義・高雄・高雄港の６か所の機関区に扇形車庫があった。しかし、縦貫線の電化により扇形車庫を使用する蒸気機関車やディーゼル機関車の配置がなくなり、電気機関車や電車を留置する路線が必要となった。このため、扇形車庫は取り壊されることになり、電車の留置線や車両検査用の車庫が造られることとなった。

最後まで残った彰化機務段の扇形車庫だが、日本統治時代に建てられた蒸気機関車用の車庫は時代にそぐわないため、１９９４年に取り壊すことが検討された。しかし、貴重な文化財として保存を訴える声が全国から寄せられ、２０００年10月25日に彰化県の文化財に指定されることとなった。

彰化機務段の扇形車庫は１９２２年10月に使用が開始されたが、当初は６台の機関車が入る中央部分だけであった。その後、左側と右側に広がるように増築が行われ、１９３３年に現在の12台が入るスタイルとなっている。車両の向きを変更する転車台（ターンテーブル）は今でも台湾各地の車両基地で見ることができるが、これはディーゼル機関車が本線で運転する時の運転台の向きが決まっている（逆向きでの運転もある）からである。

現在、扇形車庫内にはCK101やCK124、DT668の3両の蒸気機関車が保存されているほか、同区に所属するディーゼル機関車や車両検査を行う電気機関車が顔を並べている。見学施設として一般公開されており、扇形車庫を上から一望できる展望台も設置されている。

・CK100形CK101

1917年に蒸気機関車の国産化に成功した日本では、のちに大正時代の名機と言われる旅客用の8620形と貨物用の9600形が誕生。当時の台湾総督府鉄道部は、蒸気機関車の国産化を目指して井上勝が設立した汽車製造會社に、台湾向けとして従来の飽和蒸気式に代わる加熱蒸気式の400形を発注した。1917年度に400〜403号機の4両、1918年度に404〜407号機の4両の計8両が製造され、当時の宜蘭線や縦貫線に投入された。国鉄8620形と似たスタイルで、第2動輪がフランジレスとなっているのが特徴。1947年の形式称号変更ではCK100形CK101〜CK108となって活躍したが、1974年12月には全機が現役を引退した。このうち、CK101の1両が保存されることになり、嘉義機務段の扇形車庫に保管されていた。扇形車庫の取り壊しに伴い、その後は台北機廠（工場）に移動した。そして、

彰化機務段に設置された見学者用の展望台から眺めた扇形車庫

扇形車庫の中に並ぶCK101、CK124、DT668の3両の復活蒸気機関車

1998年6月9日の鐵路節（鉄道記念日）に復活運転を行うための整備が行われた。

なお、1998年の鐵路節での復活運転の後は、彰化機務段の扇形車庫に保管されていたが、さらに台北機廠での整備を受けて2011年7月9日に集集線、2012年3月12日にはJR北海道との姉妹列車提携記念として、内灣線においてCK124との重連運転を行っている。

・CK120形CK124

1936年、縦貫線の400形の置換・輸送力増強用として台湾総督府鉄道部が発注したタンク機関車。国鉄のC11形を簡易線向けに小型・軽量化したもので、製造コストの削減と車体の軽量化が実現。軸重10・9トンという線路条件の悪い簡易線でも容易に運転できるのが特徴。日本のC12形では除煙板の省略が行われているが、台湾向けでは除煙板の取り付けが行われており、国鉄のC56形に似たスタイルとなっている。

台湾総督府鉄道部が発注したC12形は1～7号機の7両で、縦貫線の旅客列車の牽引に活躍。1947年の形式称号変更ではCK120形CK121～CK127となり、後に全機が嘉義機務段二水機務駐所に配置され、本線の旅客列車や集集線の旅客・貨物列車牽引に活躍した。本線の電化および支線のDL化で余剰となると、1979年に全車が廃車となったが、CK124（1936年・日本車輌製造）は淡水線新北投《シンペイトウ》駅前で静態保存された。1988年に入ると淡水

台北機廠で整備を受ける最古参のCK101。現在は彰化機務段扇形車庫で保存されている

台湾各地のローカル線のイベントで活躍する小型タンク機関車のCK124

夏のSLイベント開催で集集線二水～源泉間を走るDT668牽引のSL列車

線の捷運化工事が始められたため、台灣鐵路管理局の新北投員工訓練センターに移動。台湾でもSLの動態保存が行なわれることになり、1998年6月にCK101が車籍を復活。そして、2台目の復活SLとして選ばれたのがCK124で、台北工場で修繕を終えた2001年4月30日に車籍が復活した。

2001年7月21日、「平溪《ピンシー》線通車80週年記念列車」として復活運転され、その後は全国各地のイベント列車の牽引機として活躍するようになった。2011年11月11日の「内灣《ネイワン》線復活・六家《ルージャ》線開業記念列車」の運転では、内灣線においてDT668とプッシュプルで記念列車を牽引している。

・DT650形DT668

台湾総督府鉄道部が国鉄向けに製造されたD51形の標準型と同仕様のSLを発注することになり、台湾向けとして１９３９年度に川崎車輌で４〜６号機、１９４０年度に汽車製造會社で１〜３号機、１９４１年度に川崎車輌で7〜18号機、１９４２年度に川崎車輌で19〜24号機、１９４３年度に日立製作所で25〜27号機、１９４４年度に日立製作所で28〜32号機が製造された。さらに、戦後の１９５１年に汽車製造會社でＤＴ６５０形と形式称号を変更したＤＴ６８３〜ＤＴ６８５、同年度に三原車輌（現在の三菱重工三原製作所）でＤＴ６８６〜ＤＴ６８７の２両の計5両が製造され、計37両が台湾向けのＤ51形として誕生している。なお、１９４４年度のＤ51形28〜32号機は戦況悪化で海上輸送することができず、一時的な処置として国鉄のＤ51形１１６２〜１１６６号機として使用された。

１９４７年の形式称号変更では、Ｄ51形１〜32号機がＤＴ６５０形ＤＴ６５１〜ＤＴ６８２に変更となったため、ＤＴ６６８は元Ｄ51形18号機となる。１９４１年に川崎車輌で製造後、嘉義機務段などに配置されて西部幹線で使用された。なお、西部幹線の電化と動力近代化で１９８３年までに全機が廃車となっている。

そして、ＣＫ１２４に続く本線用のＳＬの復活が計画され、２０１１年11月11日の「内灣線復活・六家線開業記念列車」の運転においてＤＴ６６８が復活した。ＣＫ１２４とのプッシュプル運転で、大型のテンダー機関車の力強さを披露することになった。その後は集集線の「南投火車

現在は花蓮機務段に常駐して台東線のイベントSL列車で活躍するCT273

好多節」の牽引機として活躍したが、CT273が復活してからは出番がなくなっている。

・CT270形CT273

1937年にC55形の改良型として誕生した国鉄C57形は、旅客用機関車として活躍を開始。台湾総督府鉄道部にはスポーク動輪のC55形が配置されていたが、輸送力増強の増備用として改良型のC57形の導入を決定し6両を発注した。C57形1～6号機は川崎車輛と日立製作所が製造することになり、1942年から1943年にかけて台湾に到着。国鉄のC57形139～169号機と同じスタイルの2次型で、1947年の形式称号変更ではCT270形CT271～CT276となった。

また、1953年には日立製作所が台湾向けとして、CT270形CT277～CT284の8両の製造を行うことになった。当時の国鉄のC57形は4次型が製造されていたが、車両のスタイルと使い勝手を揃えるため2次型が製造されている。その後は14両のCT270形が縦貫線の旅客列車の主力として活躍したが、1970年代に入ると縦貫線の電化やDL化が急速に進み、1982年の宜蘭《イーラン》線での運行を最後に全車両が廃車となった。

廃車となったCT270形は各地の公園で静態保存されることになり、今でも基隆・二水・宜蘭などの公園で見ることができる。

なお、今回復活したのはCT273（1943年・川崎車輛製）で、彰化市の台湾民俗村に貸し出され、園内に静態保存されていた。同園の閉園にともなって彰化機務段の扇形車庫に輸送・展示され、まずは台北機廠で復活のための作業が行われることになった。

そして、2014年6月9日の台湾の鉄道記念日「台湾鐵路節」に復活を遂げ、その後は花蓮機務段に常駐して台東線花蓮～玉里～台東間を中心に運行されている。

●観光列車として残る製糖鉄道

日本統治時代に大きく発展した台湾の製糖産業であるが、1980年代に入ると人件費の高騰もあり、国際的な競争力が低下していった。台湾よりも安価で砂糖が生産されるようになり、戦後の中華民国の外貨獲得率のトップにあった製糖産業は衰退の一途を辿るようになった。1985年以降は砂糖の減産が始まり、かつて国の経済を支えた製糖産業は過去のものとなってしまった。

また、台湾南部を縦横無尽に走行していた製糖鉄道もトラック輸送が主体となり、今では雲林県の虎尾に残るのみとなっている。製糖工場の閉鎖によって数多くの路線を失うことになったが、廃線跡の一部を利用して観光用の製糖列車を走らせる試みが行われた。サトウキビを運搬した貨車に屋根を付け、ベンチ風の座席を配置しただけの車両であったが、乗り心地の悪さや開放的な車窓が人気の的となり、製糖産業亡き後の台湾糖業公司を支える事業のひとつとなっている。1980年代から日本各地で運転されるようになった貨車改造のトロッコ列車が、観光鉄道の運行開始にヒントを与えたのかもしれない。

現在、彰化《ザンファー》県の溪湖《シーフー》糖廠（製糖工場）、嘉義《ジャーイー》県の蒜頭《スワントウ》糖廠、台南市の烏樹林《ウーシューソン》糖廠と新營《シンイン》糖廠、高雄市の橋頭《チャオトオ》糖廠の5か所で週末を中心に観光トロッコ列車が運行され、名物のアイスクリームや砂糖製品とあわせて観光スポットとなっている。

・溪湖糖廠（溪湖花卉文化園區）

1919年創業の大和製糖会社が開設した工場。翌1920年に明治製糖株式会社に吸収合併

石炭炊きのベルギー製の蒸気機関車346号が牽引する溪湖糖廠の観光列車

されている。2002年3月8日限りで操業を中止したが、同年6月16日には観光鉄道が開業し、さらに2007年からベルギー製の蒸気機関車346号が復活運転されるようになった。この機関車はベルギーのアングロ・フランコ・ヴェルジ社が1948年に製造したもので、溪湖糖廠では1954年から1977年まで現役であった。

観光列車の乗り場は工場の脇にあり、ここから濁水駅までの約3・5キロを往復50分かけて運行している。SL列車は1日2回の運行で、これ以外はディーゼル機関車での運行となる。なお、終点では機関車の機回しが行われるなど、レールファンにとっては楽しい光景を見ることができる。

・蒜頭糖廠（蒜頭蔗埕文化園區）

明治製糖株式会社が1906年に設置した工場。

広大なサトウキビ畑に囲まれた場所にあったが、２００１年に台風の水害により操業を停止した後に閉鎖となった。２００７年1月に開業した台湾高速鐵路（台湾新幹線）の嘉義駅は、蒜頭糖廠の農場跡に設置されている。

観光列車の乗り場は日本統治時代の駅舎が残る蒜頭駅で、約1・6キロの道のりを往復するが、帰路は工場内へと乗り入れて見学するコースになっている。構内では、日本統治時代に建てられた木造家屋を利用したレストランでの食事が楽しめるほか、軌道自転車などの遊戯施設もある。

・烏樹林糖廠（烏樹林文化園區）

東洋製糖株式会社が１９１０年に設置した工場。１９２７年に明治製糖株式会社に移管されている。製糖工場の操業停止は１９８３年と早い時期であったが、終戦直後に完成した日本式木造駅舎やディーセル機関車・客車・貨車・事業用車などが保存・展示されており、コンパクトながら車両群を見て楽しむことができる。

観光列車の乗り場は烏樹林駅で、平日はディーゼル機関車、週末は石炭炊きではないがＳＬ列車の牽引するトロッコ列車の運行もある。往復50分ほどの観光列車の旅だが、終点では機関車の機回しの見学や、売店での飲食も楽しめる。

・新營糖廠（新營鐵道文化園區）

鹽水港《えんすいこう》製糖株式会社が１９０９年に設置した工場。大日本製糖の虎尾糖廠、台湾製糖の屏東工場と並ぶ台湾有数の規模を誇っていたが、２００１年7月1日に操業を停止した。観光列車の乗り場は、台鐵の新營駅近くにある工場跡の中興駅。工場と「八老爺」と呼ばれた農場を片道30分かけて走行する。変化に富んだ車窓風景、途中の信号場でのタブレット交換など、現役当時の製糖鉄道を彷彿とさせるものとなっている。

・橋頭糖廠（高雄糖業文化園區）

１９００年創業の台湾製糖株式会社が開設した工場。１９９９年7月1日限りで操業を中止したが、２００２年9月には高雄県の産業遺産に指定され、広大な工場施設跡が保存となった。２００６年5月1日に「糖業博物館」として工場が整備され、創業当時の姿をそのままに見学することができる。

観光列車の乗り場は高雄捷運紅線の橋頭糖廠駅前にあり、両端にディーゼル機関車を連結したトロッコ列車が運行されている。

週末に運転される烏樹林糖廠のＳＬ列車。復活した「勝利號」を牽引する団体専用列車も運転される

烏樹林糖廠の駅構内に保存される製糖鉄道の車両。自由に見学することができる

乗車距離が長いため、途中の信号場での列車交換もある新營糖廠のトロッコ列車

サトウキビ用の貨車に屋根とベンチを取り付けた橋頭糖廠のトロッコ車両

第2章

台湾の鉄道との百年の歴史

日台鉄道交流の先駆けとなった大井川鐵道

●大井川鐵道の歴史

　大井川上流のダム建設の資材運搬用として建設されたのが、東海道本線金谷駅と千頭《せんず》駅を結ぶ大井川本線と千頭駅と井川駅を結ぶ井川線の2路線がある大井川鐵道である。軌間は1067ミリと国鉄と同じであるが、本線と井川線では建築限界が大きく異なり、井川線は一見すると軽便鉄道のような感じになる。

　大井川本線は1927年6月10日に金谷～横岡間で営業運転を開始し、部分開業を続けながら1931年12月1日には現在の金谷～千頭間が全通した。1949年12月1日に全線の電化が完成して電気機関車が導入され、さらに1951年8月8日から電車運転が開始されている。一旦は廃止された蒸気機関車の運転であるが、国鉄の営業線上から消えた後の1976年7月9日、C11形227号機が牽引するSL列車の急行「かわね路号」の運転を開始した。その後、C10形8号機やC56形44号機、C11形190号機、旧形客車などが増備され、1日最大3往復のSL列車が運行できる体制となっている。また、年間を通じてSL列車の運行を行なっているのは同社の大井川本線だけであり、車庫のある新金谷駅へ行けばいつでも蒸気機関車を見ることができる。

日本初の蒸気機関車の復活運転が行われた大井川鐵道。現在も4両が動態保存されている

現在、同社を走る電車は大手私鉄から譲渡されたもので、南海電気鉄道や近畿日本鉄道、京阪電気鉄道、東京急行電鉄などから導入された電車がそのままの姿で運行されている。かつては小田急電鉄の初代ロマンスカー3000形を5両編成化したSSE車も運行されていたが、乗車定員が同社としては多い5両固定編成が災いして廃車となっている。

井川線は1935年3月20日に大井川電力の専用鉄道として、千頭～大井川発電所間で運転を開始したのがはじまりで、当時は軌間762ミリであった。1936年11月19日には大井川本線との貨車直通の利便性を高めるため、軌間を1067ミリに改軌している。ただし、千頭～沢間間は富士電力専用線（後に千頭森林鉄道となる）が乗り入れるため、三線軌条としていた。

千頭～井川間を結ぶ井川線は建築限界の関係により、本線よりも小さな車両が使用される

１９５４年４月１日に中部電力の専用線として、大井川ダム～堂平間で貨物列車が運行されるようになった。１９５９年８月１日に大井川鉄道が引き継ぐとともに、井川線として旅客営業を開始した。１９７１年４月１日には井川～堂平間が廃止となり、現在の千頭～井川間の路線となっている。

１９９０年10月２日、長島ダム建設に伴って一部区間（川根市代～川根長島間）が水没することになったため、同区間を新線（アプトいちしろ～接岨《せっそ》峡《きょう》温泉間）に切り替え、この日から営業運転を開始した。新線区間のアプトいちしろ～長島ダム間には90パーミルの急勾配があるため、１９６３年まで信越本線横川～軽井沢間の碓氷峠越えでも使用されていたラック式鉄道（アプト式）となり、アプト式の電気機関車を連結するため同区間のみ電化されている。

なお、１９９９年８月１日に井川線の愛称が「南アルプスあぷとライン」となり、本格的な観光客へのＰＲを行なうようになった。秘境を走るミニ列車として好評を博していたが、台風などの被害により運休区間が続出することとなった。２０１４年９月２日の土砂崩れの影響で接岨峡温泉～井川間が長期運休となっていたが、２０１７年３月11日に全線での運転を再開している。

●阿里山森林鐵路の歴史

日本統治時代の台湾総督府が木材の運搬を目的として敷設したのが、１９１２年12月25日に嘉義～二萬平間において運行を開始した阿里山鐵道である。１９１４年には阿里山沼の平まで延伸され、１９１５年には眠月線も開業して森林の伐採・輸送が本格的に行われることとなった。１９２０年から旅客営業も開始され、車窓に映る風景の素晴らしさが新聞で紹介されるほどであった。当初は木材の運搬を目的とした鉄道であったが、当時の台湾観光の名所としても知られるようになり、日本統治時代から観光鉄道の要素が備わっていた。

終戦後の１９４５年11月からは台湾省の農林處林務局の管轄となり、１９６３年から観光用の「中興號」の運転、１９８４年から特急「阿里山號」の運転、そして１９８６年にはご来光見物の祝山線が開業するなど、世界有数の景観を誇る森林鉄道において観光を中心とした列車が運行

阿里山森林鐵路の観光列車のエースとして1963年に登場した「中興號」

トンネルと橋梁が連続する阿里山森林鐵路。その合間に展望が開けた絶景が展開する

されるようになった。

１９９９年９月21日に台湾中部で発生した大震災の影響により、阿里山駅や路線も大きな被害を受けたが、すぐに復旧工事が行われるとともに、阿里山駅の業務を沼平駅に移して営業運転を再開した。

また、２００８年６月19日から民間会社が管理運営することになったが、２００９年８月８日の台風による甚大な被害で全線の運行が停止された。民間企業での復興は不可能と判断され、２０１０年３月23日に契約を解除して林務局の管轄に戻された。その後は順次路線が復旧していったが、再び台風の被害により復旧中の路線が山崩れで崩壊し、本線は嘉義～奮起湖《フェンジーフー》間の運転となっている。

●日台初の姉妹鉄道協定を締結

１９８６年１月25日、大井川鐵道と阿里山森林鐵路が日台間の鉄道としては初となる「姉妹鉄道協定」を締結した。大井川鐵道井川線と阿里山森林鐵路ともに山岳鉄道であり、本来は専用線として建設されたものが観光用として脚光を浴びている点などが類似していることが、姉妹鉄道協定締結に結びついたものである。

大手私鉄から譲渡された懐かしい車両や蒸気機関車の旅が楽しめる大井川鐵道

なお、１９７７年12月19日にはスイスのブリエンツ・ロートホルン鉄道とも姉妹鉄道協定を締結している。これは大井川本線において蒸気機関車の保存運転を行なっていることが、姉妹鉄道協定締結に結びついたものだ。後に金谷町（現在は島田市）とブリエンツ村が姉妹都市提携を結んだのも、大井川鐵道の縁に繋がるものである。

２０１６年１月に姉妹鉄道協定の締結30周年を迎えるのを記念して、２０１５年９月１日から２０１６年３月31日まで乗車券交流を実施した。大井川鐵道の３種類のフリーきっぷのうち、いずれかの使用済みフリーきっぷを使用して申請すると、阿里山森林鐵路の嘉義～奮起湖間の片道乗車券が無償提供。逆に阿里山森林鐵路の嘉義～奮起湖間の使用済み乗車券を使用して申請すると、金谷～千頭間の

小さなトロッコ車両が並ぶ黒部峡谷鉄道の車庫。積雪期間は全面的に運休となる

片道乗車券が無償提供されるというものである。

　日台鉄道交流の元祖として32年目に突入した姉妹鉄道協定だが、現在一部区間で不通の阿里山森林鐵路本線が全線開業時には、日本と台湾において全通記念イベントも実施されるだろう。

観光鉄道化が共通点となった黒部峡谷鉄道

●黒部峡谷鉄道の歴史

　１９２６年10月23日、日本電力が黒部川電源開発のための資材運搬用として敷設した専用鉄道で、宇《う》奈月《なづき》～猫又《ねこまた》間で運転を開始した。１９３７年６月30日には欅平《けやきだいら》まで延伸開業し、宇奈月～欅平間での運転を開始した。１９４１年10月１日、日本電力が日本発送電に発送電設備や宇奈月～欅平間・欅平～仙

ダムの建設資材を運ぶために敷設された専用線の雰囲気も残る沿線風景

人谷間の専用鉄道を譲渡し、さらに1951年には関西電力へと譲渡された。
　1953年11月5日に地方鉄道法の免許を取得し、同年11月16日から関西電力が黒部鉄道として旅客営業を開始した。1971年5月4日には黒部峡谷鉄道を設立し、同年7月1日には関西電力から宇奈月〜欅平間の路線を譲渡され、黒部峡谷の観光鉄道として営業運転を開始した。
　黒部川の狭い谷肌に沿うように敷設された資材運搬用の専用鉄道であり、軌間は762ミリで車両限界も小さいため、トロッコ車両での運行となっている。現在もマッチ箱のような客車とオープンタイプのトロッコ車両で運行されており、黒部峡谷の景観を満喫できる観光トロッコ列車として賑わっている。

なお、冬期間は積雪によって橋梁が崩壊する恐れがあるため、積雪期間である毎年12月から4月上旬までは橋梁を撤去し、全区間が冬期運休となる。関西電力の発電所を保守する係員の輸送も中止されるが、冬期は線路に沿って建設された人が通行できる程度のトンネルを使用し、全長20・1キロの距離を徒歩で巡回している。

●大井川鐵道に続き姉妹鉄道協定を締結

2013年4月20日、富山県黒部市の宇奈月駅において、黒部峡谷鉄道と阿里山森林鐵路の姉妹鉄道協定が締結された。阿里山森林鐵路は1986年1月25日に大井川鐵道と姉妹鉄道協定を締結しており、これにより日本の2社と提携を結んだことになる。今回は山岳鉄道としてほぼ100年の歴史を有し、資材の運搬のみならず観光列車であること、線路の軌間が762ミリと同じであることなど、共通点が多いことが提携のきっかけとなった。

当日は宇奈月駅近くで「姉妹鉄道文書」の締結式、宇奈月駅ホームでは姉妹鉄道協定締結記念列車のくす玉割りが行われ、台湾から訪れた訪問団一行が黒部峡谷鉄道のトロッコ列車の旅を楽しんだ。黒部峡谷と阿里山の自然景観の素晴らしさは折り紙付きのものであり、息をのむ美しい車窓を楽しめる観光列車として交流を深めていくことだろう。

阿里山森林鐵路や富山県の関係者も参加して行われた姉妹提携の締結式

阿里山森林鐵路との姉妹提携を記念して運転された黒部峡谷鉄道のトロッコ電車

昭和初期に製造されたＳＬが共に汽笛を鳴らす

●ＪＲ北海道のＣ11形の生い立ち

国鉄の前身である鉄道省が１９３２年から製造した軸配置１Ｃ２の小型タンク機関車が、支線や区間運転用として逆向き運転にも対応したＣ11形蒸気機関車である。１９３０年に製造されたＣ10形蒸気機関車の軸重を13トン以下とし、軸重制限のあるローカル線への運用を可能とした改良型であり、Ｃ10形がリベット溶接であったのに対し、電気溶接を採用するなど新技術が生かされたものとなった。

ＪＲ北海道で復活したＣ11形１７１号機は、１９４０年７月19日に川崎車輌兵庫工場で製造され、同年７月28日の稲沢機関区を振り出しに中京圏・北海道地区で使用された。最後は１９７４年７月16日に釧路機関区に配置され、１９７５年４月24日の無煙化まで釧路エリアのローカル線で運用されていた。同年６月25日に廃車となると地元から要望のあった標茶《しべちゃ》町の桜町児童公園で保存・展示されることになった。

ＪＲ化後はＣ62形３号機を使用してＳＬ列車を運行していたＪＲ北海道であったが、大型蒸気機関車では運行経費がかかり、ローカル線での運行にも支障があるため、道内に保存されていた状態のよいＣ11形に白羽の矢が立つことになった。それが桜町児童公園で展示されていたＣ11形171号機で、1998年11月からＪＲ北海道の苗穂工場で動態復元工事が行われ、1999年4月21日に車籍が復活して本線での運転が可能となった。

そして、同年5月1日からＮＨＫ連続テレビ小説『すずらん』のロケ舞台となった留萌本線において、深川～留萌間を結ぶＳＬ列車「ＳＬすずらん号」の牽引機として活躍することになった。その後、毎年1月下旬から3月上旬まで定期運行される釧網本線の「ＳＬ冬の湿原号」や「ＳＬ函館大沼号」、「ＳＬふらの・びえい号」など、道内各地のイベント列車の牽引機として活躍している。

C11形171号機＋C11形207号機の重連で運転されることもあった「SL冬の湿原号」

２０００年3月3日に車籍が復活したＣ11形２０７号機は、１９４１年12月26日に日立製作所笠戸工場で製造された。最後は長万部機関区で瀬棚線の貨物列車に運用されていたが、北海道特有の前照灯を左右に配置した珍しいスタイルであった。１９７４年6月30日に「瀬棚線ＳＬさよなら列車」

1999年4月に復活したC11形171号機。現在は「SL冬の湿原号」を牽引している

に使用された後、同年10月１日に廃車となり、11月19日から静内町（２００６年３月31日から三石町との合併で新ひだか町となった）の山手公園に保存・保存された。

ＳＬ列車の増発を計画していたＪＲ北海道は、復活第２弾としてＣ11形２０７号機の動態復元を行うことになった。２０００年９月30日に車籍が復活し、同年10月７日に函館本線ニセコ～小樽間のＳＬ列車「ＳＬニセコ号」で復活デビューを飾った。その後は、「ＳＬ冬の湿原号」などで１７１号機との重連運転も行われていたが、新型ＡＴＳの取り付けが必要不可欠となり、財政面で厳しい状況にあったＪＲ北海道は２０１４年秋の全般検査切れと同時に使用を中止した。

ＪＲ北海道での運行が終了した後、２０１７年度からＳＬ列車の運行を計画している東武鉄道が借り受けることになり、苗穂工場で全般検査を終えた同機は２０１６年８月19日に陸送にて南栗橋車両管区に到着した。同年９月12日に火入れ式が行われ、列車の愛称も「大樹」と決定している。

台北近郊の平溪線十分駅付近にある老街を走り抜けるCK124牽引のSL列車

●台湾鐵路管理局のCK124

国鉄の前身である鉄道省が、C11形と同じく1932年から製造した軸配置1C1の小型タンク機関車が、簡易線での運転を可能にしたC12形蒸気機関車である。軸重が10・9トンとなって簡易線への入線が可能なことから私鉄専用線向けにも製造され、当時の台湾総督府鉄道部にも1936年に日本車輌製造で製造されたC12形1〜5号機、1942年には6・7号機が配置された。樺太庁鉄道向けや私鉄向けも1号機から製造されたため、鉄道省と同じ番号の形式プレートを付けた機関車が存在したことになる。

台湾総督府鉄道部に配置されたC12形1〜7号機は、戦後の1947年の形式称号変更でCK120形となった。元C12形4号機のCK124は縦貫線

本線からローカル線まで幅広く使用されるCK124には専用炭水車が連結される

や集集線などで活躍していたが、縦貫線の電化に伴う無煙化により全機廃車となり、ＣＫ１２４は淡水線の新北投駅に保存された。１９８８年から台北捷運の建設工事がスタートすると、職員訓練施設の新北投員工訓練センターに移動した。１９９８年６月のＣＫ１０１の動態復活に続き、２番目の復活機としてＣＫ１２４が選ばれ、２００１年４月30日に車籍が復活した。

２００１年7月21日の「平溪線通車80週年記念列車」で復活運転を果たし、その後は全国各地のＳＬイベント列車の牽引機として活躍することとなった。現在は彰化機務段（機関区）の扇形車庫内に常駐しており、イベント時には彰化機務段から出庫している。

台日鐵道交流事業促進協議會の伊藤一己会長（右）といすみ鉄道の鳥塚亮社長

●台日鐵道交流事業促進協議會が仲人に

台湾鐵路管理局の列車や専用鉄道に興味を持ち、毎月のように台湾へと足を運んでいた秋田県在住の伊藤一己氏は、台湾鐵路管理局の局長クラスとも情報交換をするようになっていた。そこで、かねてから台湾の鉄道繋がりで親交のあった北海道在住の峰雪剛氏と、日本と台湾の鉄道交流について意見交換を行っていた。それが台日鐵道交流事業促進協議會の設立に繋がり、実際の交流事業について検討するようになっていた。

２０１１年４月、東日本大震災後に観光誘致のため北海道訪問団が台湾を訪れたのを受け、翌5月には台湾立法院長（国会議長に相当）の王金平氏が来道し、釧路訪問とたんちょう視察を行い、台湾に向けて北海道の安全をアピールした。同年10月の中華民国建国100周年を機としたたんちょう貸与にあわせ、当時のJR北海道矢﨑義明釧路支社長も釧路からの訪問団に同行し、台湾鐵路管理局を表敬訪問して施設などを視察。その中でSL姉妹提携の提案を行ったところ、台湾鐵路管理局側も前向きに検討することになったという。

台日鐵道交流事業促進協議會の伊藤一己氏と親交があった趙永清前立法委員（前国会議員）、伊藤一己氏の台湾におけるコーディネーター兼通訳の葉日崇氏、地元の釧路臨港鉄道の会会員の峰雪剛氏が現地での調整に奔走した結果、JR北海道のC11形「SL冬の湿原号」と台鐵のCK124とのSL姉妹提携が現実味を帯びてきた。

2012年2月、台湾鐵路管理局の范植谷局長がJR北海道本社に表敬訪問した。その後は釧路支社を訪問し、「SL冬の湿原号」に乗車し、3月にSL姉妹提携を行うことを表明した。なお、3月2日には台鐵の范植谷局長が提携文書に調印し、3月12日の記念式典まで秒読み段階となった。

●釧路駅と新竹駅で同時発車

2012年3月12日、日本と台湾において「SL姉妹列車提携文書」の交換式を開催することになった。当日は「SL冬の湿原号」の釧路駅の発車時刻（11時9分）にあわせ、台湾において

釧路駅で行われたSL列車姉妹提携の締結式　撮影：峰雪剛

も新竹駅発10時9分（日本との時差1時間）の内灣線内灣駅往復の臨時列車が運行されることとなった。

日本では、台湾鐵路管理局の鹿潔身副局長とJR北海道の矢﨑義明釧路支社長らが出席し、記念セレモニーを実施した。列車はC11形171号機+C11形207号機の重連の記念列車が特製ヘッドマークを付けて運行されることになり、発車時間になると高らかに汽笛を鳴らして出発した。

台湾では、台湾鐵路管理局の范植谷局長と台日鐵道交流事業促進協議會の伊藤一己氏らが出席し、記念セレモニーを実施した。列車はCK124+CK101の重連となり、「仲夏寶島號」の特製ヘッドマークを付けた記念列車が、日本と同じ時間に汽笛を鳴らして内灣線内灣駅に向けて力走した。

内灣線竹東駅を発車するCK124＋CK101の記念列車

CK124の復活で出番がなくなったCK101が重連の下り本務機として登場した

JR北海道と台鐵のSL列車姉妹提携1周年で釧路を訪れた台鐵一行
撮影：峰雪剛

日本と台湾で重連運転となったＳＬ姉妹列車提携祝賀列車は、台鐵とＪＲ北海道の小旗をＳＬの正面に飾ったほか、台湾の「仲夏寶島號」では最後部の客車に釧路臨港鉄道の会が作成した大型のテールマークを誇らしげに掲出していた。

●周年記念のイベントを開催

２０１３年3月8日、台鐵ではＳＬ姉妹提携2周年を記念して、鹿潔身副局長を団長とする釧路訪問団が、釧路駅から標茶駅まで「ＳＬ冬の湿原号」に乗車した。その後の日本との鉄道交流に活躍する行政處の黄振照副處長や秘書室の王傳馨科長も同行し、道東エリアの観光施設見学や「流氷ノロッコ号」の乗車などを行ない、日本の鉄道と観光施設の連携などについて視察した。日本の鉄道のキメ細や

釧路で開催されたJR北海道と台鐵のSL列車姉妹提携2周年イベント
撮影：峰雪剛

かなサービスや観光施設のおもてなしなどが、その後の台鐵のサービスに反映されており、ＪＲ北海道との提携は多方面での交流にも繋がる成果のあるものであった。

なお、残念なことにＪＲ北海道の経営悪化問題が表面化し、翌年の３周年から表立った祝賀行事などは自粛せざるを得ないことになった。

２０１７年３月25日、ＪＲ北海道とのＳＬ姉妹提携５周年を記念して、台鐵では郵輪列車（ツアー専用列車）として、ＣＫ１２４牽引の「仲夏寶島號」を運行した。なお、ＪＲ北海道のＣ11形１７１号機は動輪に傷が見つかり、２０１７年冬の運行が途中でディーゼル機関車にバトンタッチしている。今後のＳＬ列車運転は未定だが、日本と台湾との鉄道交流を推進した足跡は評価されるものである。

100年の悠久の歴史が繋いだ東京駅と新竹駅

●JR東日本の東京駅の歴史

東京と関西を結ぶ東海道線の起点駅は、1872年10月14日の鉄道開業時から新橋駅（後の汐留駅）であった。また、上野駅からは日本鉄道が青森へ向けて路線を延伸していたため、新橋駅と上野駅を結ぶ高架鉄道の建設が東京市区改正計画によって立案された。1896年の第9回帝国議会では東京の玄関口となる中央ターミナルの建設が可決され、当時の日本の建築界を代表する辰野金吾が設計を担当することとなった。

日清戦争・日露戦争の影響により建設工事が遅れることになり、日露戦争の終戦後の1908年から本格的に取り組まれることとなった。約6年の歳月をかけて1914年12月18日に竣工した駅舎は、同年12月20日に東京駅として開業した。これにより、新橋〜神戸間を結んでいた東海道本線の全列車が東京駅発着となり、東京〜下関間を結ぶ特急列車が同駅から出発するようになった。

駅本屋は深谷産の赤レンガを使用した鉄筋レンガ造り3階建ての洋式建築で、左右対称の建物の南北にドーム状の屋根が設置され、丸の内南口は乗車口、丸の内北口は降車口と分けられていた。

2012年10月の竣工当時の姿に復原された東京駅舎。2014年12月に100周年を迎えた

１９４５年５月25日の東京大空襲で被災した東京駅舎は、レンガ造りの構造体を残して焼け落ちたため、同年８月からの修復では２階建てとなり、左右の丸いドーム状の屋根が台形に変更されるなど、開業時とは異なる姿になってしまった。

このスタイルは国鉄時代を経てＪＲ東日本に継承されたが、１９９０年代後半になると丸の内側の駅舎の建て替えが検討されるようになった。最終的な結論がでたのは２０００年のことで、竣工当時の姿に復原することが決定した。２００７年５月30日に起工された復原工事は順調に進められ、２０１２年10月１日に完了した。

２０１４年12月には開業１００周年を迎えた各種記念イベントも開催され、大正時代の姿に再現された駅舎を見学する人の姿が以前に増して多くなっている。この先も東京の観光名所のひとつとして、訪日外国人の記念撮影スポットとなることだろう。

1913年3月に竣工した新竹駅舎。駅舎の左右は増築されているが、中央部分は往時の姿を留めている

●台湾鐵路管理局の新竹駅の歴史

清国時代の1893年10月30日に台北～新竹間が開業したのにあわせ、初代の新竹駅が開業した。その2年後の1895年6月の日本統治時代には線路の改良工事が行われるとともに、新竹駅以南の縦貫線の工事も進められることになった。1908年4月20日に縦貫線の基隆～高雄間が全通し、台湾の北部と中部・南部が鉄道で結ばれるようになった。初代の新竹駅とは異なる現在地に2代目・3代目の駅舎が建築されたが、台湾北部の主要都市の玄関口にふさわしい4代目駅舎の建設が要望されたため、台湾総督府鉄道部に建築家として赴任した松ヶ崎萬長《つむなが》が設計を担当し、1913年3月31日に現駅舎が竣工した。

1858（安政5）年10月13日に京都で生まれた

新竹駅と東京駅との姉妹駅協定締結を案内するパネル。同駅はニューヨーク中央駅とも締結している

松ヶ崎萬長は、１８７１年12月の岩倉使節団として欧州に渡り、当時はプロセインだったドイツ・ベルリン工科大学で建築学を学んだ。帰国後は１８８５年４月に皇居造営事務所御用掛となり、１８８６年３月に辰野金吾、河合浩蔵とともに造家学会（後の日本建築学会）の創立委員となるなど、ドイツスタイルの建築設計を得意とする日本の建築家として知られるようになった。

１９０７年に台湾総督府鉄道部に赴任した松ヶ崎は、１９１２年に基隆駅、１９１３年には新竹駅の駅舎を完成させた。松ヶ崎が設計した新竹駅舎が１９９８年６月22日に台湾の重要文化財に登録されると、戦後に設置された駅名板やデジタル時計、中華風の装飾を廃した原型に戻され、往時を彷彿させる姿が見られるようになった。

●100年の縁で姉妹駅協定を締結

２０１５年２月12日、縦貫線新竹駅前の特設会場において、ＪＲ東日本の東京駅と台鐵縦貫線の新竹駅の姉妹駅協定の締結式が行われた。当日は新竹交響管弦楽団の祝賀演奏から式典がスタートし、台湾鐵路管理局の周永暉局長、ＪＲ東日本の深澤祐二副社長、新竹市の林智堅市長が姉妹駅協定の締結について祝辞を述べた後、東京駅の江藤尚志駅長と新竹駅の黄榮華駅長が締結書に署名した。姉妹駅締結記念品の駅長帽子の交換が終了すると、式典参加の来賓が見守る中、最後に転てつ器を模したスイッチを入れると、会場にＳＬの汽笛が流れるという演出が行われた。

なお、台鐵局では新竹駅窓口で記念の「台鐵新竹站與ＪＲ東日本東京駅締結姉妹車站」（新竹駅入場券２枚と内灣線一日週遊券）を１セット２００元で発売した。また、日本人観光客を対象として、台北・新竹・高雄の各駅サービス窓口においてパスポートを提示すると、台鐵や路線バス、コンビニエンスストアなどで使用できる「姉妹駅協定締結記念ＩＣカード」がプレゼントされる観光交流活動も実施された。

ＪＲ東日本が締結したのは姉妹駅協定であるが、これを縁としてＪＲ東日本の駅弁販売や観光ＰＲ、さらに社員研修などの人的交流など、両社局間の協力体制は強固なものとなっていく。ＪＲ東日本では台湾からの訪日観光客拡大に向けた事業に力を入れており、２０１４年６月３日に

新竹駅舎が見える駅前の特設会場で締結書に署名した東京駅長と新竹駅長

東京駅長と新竹駅長が転てつ機を模したスイッチを入れるとＳＬの汽笛が鳴り響いた

は日本航空と協力して取り組むため、両社のグループ会社を通じて台湾で旅行会社（創造旅行社）を共同運営していくことに合意している。

ＪＲ東日本グループは「グループ経営構想Ｖ（ファイブ）～限りなき前進～」で発表したコンセプト「地域に生きる。世界に伸びる。」を実現するため、ＪＡＬグループとの連携を強化することにした。両社の強みである「陸」と「空」を活かした新たな旅行商品の開発なども行うことで、アジア市場の訪日旅行需要の創出に力を入れるという。ＴＶＣＭで「ガーラ湯沢」へ誘う旅を放映し、高雄メトロの駅に「ＪＲ東日本パス」の大型広告を掲出するなど、目に見えるところでも各種の取り組みが進められている。

商業施設の併設も契機となった大阪駅と台北駅

●ＪＲ西日本の大阪駅の歴史

１８７４年5月11日、大阪～神戸間の官設鉄道開業にあわせ、東の始発駅として大阪駅が開業した。１８７６年7月26日には京都方面への延伸工事が完成し、官設鉄道は向日町～大阪～神戸間での運転が行われるようになった。１８８９年7月1日に新橋～神戸間の東海道線が全通する

梅田地区の再開発に合わせてリニューアルされたJR西日本を代表する大阪駅

と、大阪の中心駅としての歴史を刻むこととなった。

　１９８７年4月1日、国鉄の分割民営化により大阪駅はＪＲ西日本所属の駅となった。大阪の北の繁華街・梅田エリアには、阪急電鉄と阪神電気鉄道のターミナルをはじめ、大阪市営地下鉄の御堂筋線・谷町線・四つ橋線、ＪＲ東西線（北新地駅）が接続しており、交通の要衝にもなっている。さらに阪急百貨店や阪神百貨店などの大型商業施設、ホテルが軒を連ねており、大阪駅の一日の乗車人員も40万人以上というＪＲ西日本一のものとなっている。

　そこで、ＪＲ大阪駅も機能的で使いやすいものとするための検討が行われ、駅南側にホテルグランヴィア大阪と大丸梅田店が入居する27階建ての「サウスゲートビルディング」、駅北側に28階建ての高層棟と13階建ての低層棟がある「ノースゲートビルディング」が建設された。南側と北側のビルを結ぶ連絡通路や改札口が3階部分に設置され、両側のビルと中央の駅施設が一体となった大規模なターミナルとなっている。

●台湾鐵路管理局の台北駅の歴史

清国が統治していた1891年7月5日、基隆～台北間の敷設工事が完了するとともに初代台北駅となる駅が開業した。現在の駅よりも北側に離れた淡水河に突き当たるところにあり、現在地に移転したのは日本統治時代のこととなる。1901年8月25日に淡水線が開業するとともに2代目の駅舎が竣工した。さらに1941年に3代目の駅舎が竣工し、1986年まで台北の表玄関のシンボルとなっていた。

1986年3月から縦貫線松山～台北～萬華《ワンホア》間の地下化工事がスタートし、それと同時に3代目駅舎の取り壊しが行われた。そして、1989年9月2日の縦貫線地下化にあわせ、宮殿風の4代目駅舎の供用が開始された。吹き抜けの1階に出札窓口、2階に商業施設、地下1階に改札口、地下2階に4面8線のホームを有する地上6階建ての荘厳な建物となっている。なお、3～6階のフロアは台湾鐵路管理局の本局となる。

2007年3月2日、台湾高速鐵路（台湾新幹線）の板橋《バンチャオ》～台北間が延伸開業し、台鐵が使用

近年は夜間ライトアップが行われている台北駅舎。時間によって色合いが変化する

1階の中央部分が吹き抜けとなっている台北駅舎。鉄道交流の各種イベントも開催される

していた4面8線のホームのうち、2面4線は台湾高速鐵路の施設に転用された。2面4線となった台鐵のホームであるが、観光列車を除いて台北駅は途中通過駅となるため、半減されても大きな支障はでていない。

台北駅1階の貴賓室で行われた大阪駅と台北駅の姉妹駅協定の締結式

台北駅2階の商業施設は屋台・小店舗の集合体であったが、2007年10月26日に人気の商業施設「微風広場」が開店し、より多くの人を集めることができる商業施設に変貌した。さらに1階や地下1階の商業施設も微風広場によって改修が行われ、明るくて利用しやすい駅構内となっている。

●友好の象徴として姉妹駅協定を締結

2015年12月4日、台北駅1階の台鐵貴賓室において、台湾鐵路管理局の周永暉《しゅうえいき》局長と台北駅の黃榮華駅長、JR西日本の国広敏彦大阪支社長と大阪駅の銕尾《てつお》秀樹駅長が出席して「姉妹駅協定書」に署名した後、台北駅と大阪駅の駅長の帽子や記念品の交換が行われた。今回の姉妹駅協定は、双方

台北駅1階の西側通路に設置されたJR西日本および大阪駅を紹介するパネル

の駅が台鐵およびＪＲ西日本の表玄関であることや、駅施設で商業施設が展開されている点などの共通項が契機となったもので、今回の提携を機にさらなる商業や観光の振興について交流を深めることとなった。

台鐵とＪＲ西日本は以前から人的交流も行ってきており、今回の姉妹駅協定の締結は両者の幅広い交流のはじまりと言っても過言ではないだろう。ＪＲ西日本ではＳＬ列車や新幹線も運行しているが、台鐵で復活運転をしているＣＴ２７３（日本のＣ57形と同型）と山口線のＣ57形1号機、台湾高鐵（台湾新幹線）の７００Ｔ型と山陽新幹線の７００系など、日本と台湾で縁のある相互の車両で姉妹列車協定ができるだろう。

チャーター便運航の縁で同名駅が手を結んだ松山駅

●JR四国の松山駅の歴史

1927年4月3日、鉄道省の讃予線の伊予北条〜松山間の延伸開業により、新たな終着駅として松山駅が開業した。松山市内には1887年9月14日に設立された伊豫鉄道が、1888年10月28日に四国初の鉄道となる松山〜三津間の路線を開業させており、さらに三津〜高浜間の延長開業や現在の横河原線の一部開業などが行われていた。また、1895年8月22日には道後鉄道が古町〜道後〜松山間を開業するなど、瀬戸内海の汽船と連絡した市内への鉄道が整備されていた。南予鉄道と道後鉄道を吸収合併し、1925年12月1日には伊予鉄道電気が設立されている。

明治期から大正期に鉄道輸送が市民の足となっている松山市に、鉄道省の讃予線が乗り入れてくるにあたり、鉄道省から伊予鉄道の駅名を変更するようにというお達しがあった。相手が国では反対を押し通すわけにはいかず、伊予鉄は松山駅を松山市駅に改称することで対応した。鉄道省に駅名が譲られたことにより、讃予線（1930年4月1日に予讃線に改称）開通時から松山駅としての歴史がスタートした。

讃予線の開通とともに開業した松山駅。三角屋根を備えた古風な姿にリニューアルされている

台鐵の松山駅との姉妹駅提携を記念して松山駅コンコースに設置された駅名版

また、松山の地名は古くから使用されているが、江戸時代は松山城を居城とする伊予松山藩、1871年の廃藩置県では松山県となり、1873年に愛媛県が誕生。1889年には市制施行で松山市が誕生している。

●台湾鐵路管理局の松山駅《ソンシャン》の歴史

1891年10月20日、清国の基隆～台北間の鉄道敷設により、錫口火車碼頭として開業した。1895年の日本統治の開始により錫口停車場と改称されたが、松山駅に改称されたのは統治25年後の1920年頃と記録されている。親しみやすい日本の地名を付けたということだろうが、松山からの移住者が多かったのかどうかは不明である。駅としての歴史は1891年まで遡ることができるが、松山駅の名称では1920年代からとなる。

現在は台北駅の北に隣接する主要駅のひとつで、駅前の地下には台北捷運の松山線が乗り入れてきており、市内各地から台鐵の列車に乗り継ぐ人の乗換駅ともなっている。2008年9月21日に供用が開始された新駅舎は、地下1階にきっぷ売り場と改札口、地下2階には2面4線のホームが設置されており、高雄方面および花蓮方面への特急列車「自強號」が発着している。1・2階は商業施設が中心となり、これらの商業施設を目当てに訪れる人も増加している。

縦貫線板橋～南港間の地下化により地下2階部分に設置された松山駅のホーム

地下1階の改札口前にある台鐵初の特急用電車EMU100をイメージした売店

●同名駅の縁で友好駅協定を締結

愛媛県は日本と台湾との交流人口を増加させ、相互の観光を活性化する目的で、愛媛・松山空港と台北・松山空港を結ぶチャーター便の運航を計画した。このような日台間の観光推進策の一環として「松山・松山　夢の架け橋」の運航が行われるのにあわせて、JR四国の予讃線松山駅と同じ駅名の台鐵縦貫線松山駅との友好駅交流を行うこととなった。

2013年10月13日、台鐵縦貫線の松山駅1階の特設会場において、台湾鐵路管理局の周永暉局長とJR四国の泉雅文社長が「友好駅協定」の協定書に署名し、同名駅の松山駅同士が友好駅となった。当日は特設会場において松山名物の「野球拳」が披露されたほか、松山市のキャラクター「みきゃん」が松山駅1階の商店街を練り歩き、同駅を訪れた乗客や買い物客との記念撮影に応じていた。

2016年2月25日、3月末で期限を迎える友好駅協定を延長することになったJR四国と台湾鐵路管理局は、相互の誘客や鉄道技術の向上において協力しあうこととし、新たに「友好鉄道協定」を締結することになった。当日はJR四国の松山駅において、台湾鐵路管理局の周永暉局長とJR四国の泉雅文社長が「友好鉄道協定」の協定書に署名し、協定を機に一層の交流を深め、台湾と四国の発展に繋がる施策を行うこととなった。なお、台鐵とJR四国は営業距離や駅

JR四国と台鐵の松山駅長が参加して、台鐵松山駅の1階で開催された締結式

の数など類似点が多く、今後の交流に期待が寄せられている。

２０１７年２月25日、ＪＲ四国と台鐵の友好鉄道協定を締結して１周年になるのを記念して、台鐵松山駅３階にある鉄道体験エリアにおいてミニトレインに無料乗車できるキャンペーンを開催。期間は４月９日までで、松山駅を乗車・下車駅とする運賃２２５元以上の当日の乗車券の提示など規定の条件はあるが、普悠瑪をデザインしたミニトレインに乗車する子供たちで賑わった。

また、２０１７年３月30日には、友好鉄道協定締結１周年を記念し、ＪＲ四国の８０００系車両に台湾鐵路管理局の８００形車両のデザインをラッピングして運行することになった。運行期間は２０１８年２月28日までで、10月13日までは高松〜松山間の

台鐵松山駅で開催された友好駅協定の締結式では松山の「野球拳」が披露された

特急「いしづち3・5・15・4・16・28号」に使用する予定（検査等で変更になる場合もある）となっている。台湾では、「日台観光サミットin四国」のプログラムの中で「日台鉄道観光フォーラム（愛媛県西条市）」を開催する6月2日にあわせ、台湾鐵路管理局の８００形電車にＪＲ四国の８０００系車両のデザインをラッピングし、２０１８年６月30日まで運転する予定となっている。

このほか、ＪＲ四国の10駅と台湾鐵路管理局の10駅に設置されたスタンプを集めると、記念品がプレゼントされる「スタンプラリー」も10月13日まで実施している。相互のラッピング車両の運行とあわせ、日台間の相互交流を促進するイベントが続々と登場しており、今後の展開が楽しみなものとなっている。

第3章

日台鉄道の結びつきの深化

台湾北部と南部の2路線で観光提携した江ノ島電鉄

●江ノ島電鉄の歴史

１９０２年9月1日、江之島電氣鐵道（別法人）が藤沢～片瀬間で営業運転を開始したのが、現在の江ノ島電鉄の路線のはじまりとなる。１９１０年11月4日に小町まで延伸開業して藤沢～鎌倉間が全通したが、翌１９１１年10月3日に横浜電気に買収され、さらに１９２１年5月1日には横浜電気から東京電燈の路線となった。１９２６年7月10日に現在の法人となる江ノ島電気鉄道が設立されたが、同社は大船～江ノ島～茅ケ崎間の鉄道敷設を目的に設立されたものであった。当時は小田急電鉄が藤沢～片瀬江ノ島間の鉄道敷設を計画していたが、現存する東京電燈の路線と競合する藤沢～片瀬江ノ島間の経路変更を余儀なくされ、さらに江ノ島電気鉄道の計画線と片瀬江ノ島駅で競合することになった。しかし、江ノ島電気鉄道に路線を敷設する資金力がなく、路線免許も失効して小田急電鉄が藤沢から片瀬江ノ島まで延伸された。

自力での鉄道敷設を断念した江ノ島電気鉄道は、１９２８年7月1日に東京電燈江ノ島線を買収し、現在の江ノ電電鉄の法人としての歴史がスタートした。１９４９年3月1日には鎌倉のターミナルを旧小町駅の場所から国鉄鎌倉駅構内に移設し、現在の藤沢～鎌倉間の路線となっ

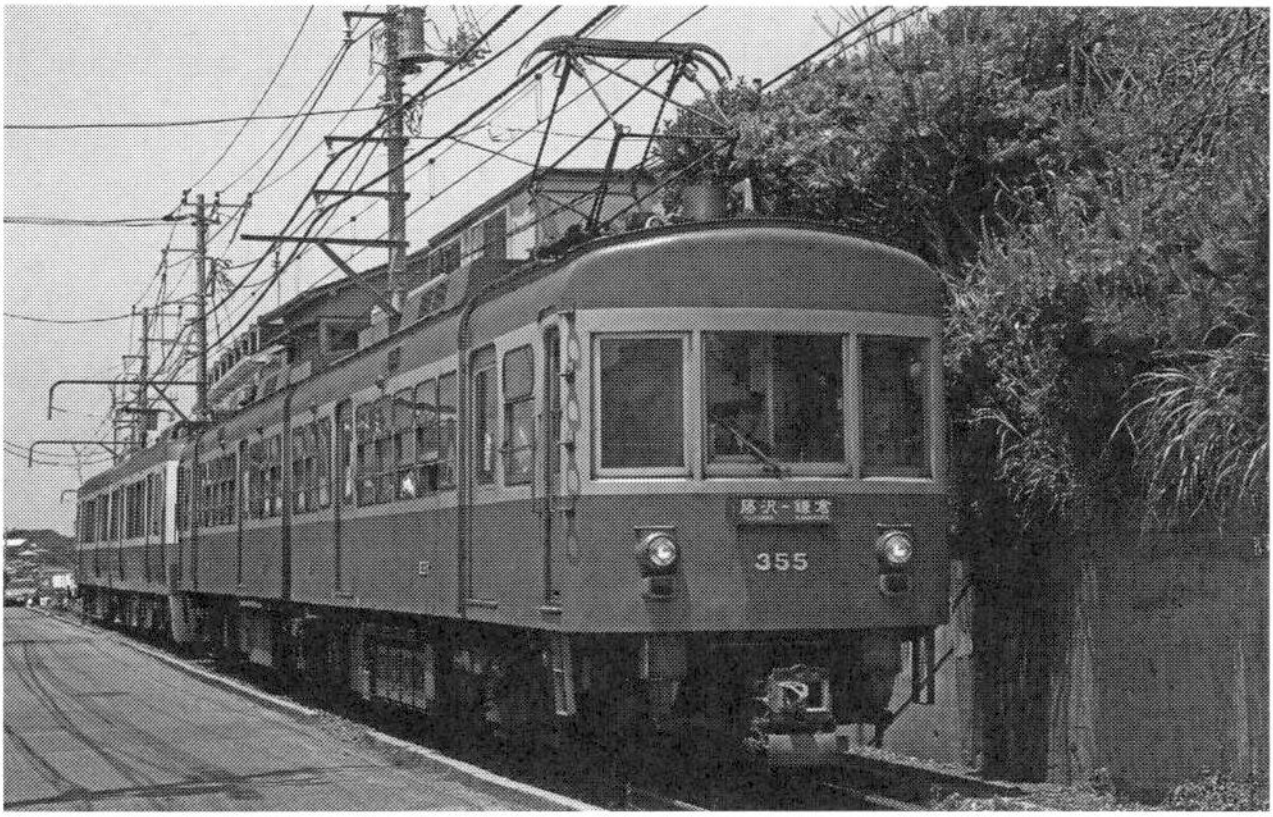

藤沢〜江ノ島〜鎌倉を結ぶ江ノ島電鉄は「江ノ電」として親しまれている

鎌倉時代の史跡・寺院、湘南海岸、江ノ島を車窓に走る観光鉄道の江ノ島電鉄

天燈上げで有名になった十分駅近くの老街を走るDR1000形の區間車（普通列車）

た。１９４９年８月１日に商号を江ノ島鎌倉観光に変更したが、１９８１年９月１日には江ノ島電鉄に商号を変更して現在に至っている。

●台鐵平溪線の歴史

台湾総督府鉄道部が縦貫線や宜蘭線の建設を推進するのにともない、鉱物資源や森林資源を輸送する貨物専用線が建設されていた。当時の台湾において有数の炭田といわれた菁桐坑で採掘された石炭を運搬するため、１９２２年７月に台陽鉱業が敷設した貨物専用線が平溪線の前身となる。現在の三貂嶺～菁桐間が全通したのは１９２３年１月15日のことで、沿線から積み出された石炭は宜蘭線を経由して運搬されていた。１９２９年10月１日には台湾総督府に買収され、国有鉄道になるとともに旅客営業が

平溪線と宜蘭線の分岐点となる三貂嶺駅。列車は新澳線の八斗子まで運転される

開始されている。

　１９９０年代は廃止も検討されたローカル線であったが、商店街の中を走る十分《スーフェン》駅の界隈の情景や天燈上げが有名となり、台北近郊の人気観光路線として復活している。

●江ノ電と平溪線が観光連携協定を締結

　２０１３年４月23日、台湾鐵路管理局の台北駅において、江ノ島電鉄（江ノ電）と台鐵平溪線が「観光連携協定」を締結した。古都鎌倉を走る江ノ電は台湾からの観光客に人気の観光地であり、同様に平溪線は日本からの観光客に人気の観光スポットとなっている。今回の提携は両線の観光に関わる情報提供および観光宣伝活動に関わることや、両線の観光客誘致、鉄道に関する観光連携に寄与する事業に関わることなどを協定目的としており、具体的な施策として「乗車券の交流」をスタートさせることとなった。

２０１３年5月1日から相互の使用済み1日乗車券「のりおりくん」および「平溪線一日週遊券」を持参すると、相互の１日乗車券が無償で提供されるというもの。当初は２０１４年3月31日までの期間であったが、この日までの相互の鉄道利用者は４３２７名を数えたため、２０１５年3月まで延長することとなった。なお、「乗車券交流キャンペーン」は相互の観光客誘致に多大な成果をもたらしたため、さらに1年間延長して２０１６年3月31日まで実施された。

今回の「乗車券交流キャンペーン」が相互の観光をアピールする絶好の機会となったのを受け、２０１５年7月23日には台湾観光局（台湾観光協会東京事務所）・神奈川県観光協会・チャイナエアライン日本支社・江ノ電の4者は「観光プロモーション協定」を締結した。当日は鎌倉駅3番線ホームにて観光プロモーション締結式および友好記念電車出発式が行われ、台湾と江ノ電沿線の観光地に因んだ写真やイラストを描いたラッピング列車が登場した。この列車は約1年間運行され、江ノ電を訪れた台湾の観光客の人気の的となった。

日本と台湾の友好・交流に寄与した江ノ電の乗車券交流であるが、２０１１年の東日本大震災において多大な支援をしてくれた台湾に感謝するため、江ノ電の鎌倉駅長が駅に掲出したメッ

台北駅の1階に展示される江ノ電沿線の観光案内と観光提携の記念品

セージも話題となった。そのメッセージとは、『臺灣の各位　歡迎到鎌倉！江之電鎌倉站長＊（東日本大震災）大恩永遠不會忘記「謝謝、臺灣！」』。その内容は「東日本大震災における台湾の方の支援は永遠に忘れることができないものだ。ありがとう、台湾！」というものである。観光のみならず、日本と台湾との友好に寄与するものとして、多くの人の脳裏に刻まれるものとなった。

２０１６年３月15日、これまでの観光提携の効果を踏まえて、台湾鐵路管理局と江ノ島電鉄では「友好鉄道協定」を締結した。今まで以上の交流を生み出す施策を行うこととなり、２０１６年５月１日からは乗車券交流第２弾として「台日鐵道観光護照」の交換がスタートした。これは使用済みの江ノ電１日乗車券「のりおりくん」と「平溪線沿線ＰＡＳＳ

PORT」、使用済みの「平溪線一日週遊券」と「江ノ電沿線PASSPORT」を交換するというもの。各路線の沿線を紹介する特典付きのガイドブックで、沿線の協力施設や協力店舗の最大限の「おもてなし」の気持ちが詰まったものとなっている。2017年3月31日までであるが、さらなる期間の延長に期待が寄せられている。

●高雄メトロと観光連携協定を締結

2016年6月8日、江ノ島電鉄は台湾鐵路管理局との友好鉄道協定に続き、台湾南部の都市・高雄市の鉄道事業者・高雄捷運《タカオジェイユン》（通称：高雄メトロ）と「観光連携協定」を締結した。高雄メトロは市内を東西および南北に結ぶ地下鉄を運行しており、空の玄関口である高雄国際空港と台鐵高雄駅および高鐵左營《ゾウイン》駅など市内中心部を一直線で結んでいる。日本からの直行便も増便されているため、高雄市を訪れる日本人観光客も増加しており、平溪線と同様に特典付きガイドブックを相互の使用済み乗車券と無償交換するというもの。使用済みの江ノ電一日乗車券「のりおりくん」を高雄メトロの高雄国際空港駅・凱旋駅・高雄駅・左營駅・鹽埕埔駅に持参すると、高雄メトロ沿線の39施設・店舗でのおもてなしが受けられる「高雄メトロ沿線PASSPORT」と引き換えることができる。

市内中心部は地下鉄となる高雄捷運だが、紅線世運～南岡山間は高架橋上を走っている

これまで台湾北部・中部が中心であった日本との鉄道交流が台湾南部まで拡大し、相互により多くの交流に発展するものと期待されている。

台湾人の忘れ物が提携に発展した山陽電気鉄道

●山陽電気鉄道の歴史

1910年3月15日に開業した兵庫電気軌道の兵庫～須磨間（後に明石まで延伸開業）と、1923年8月19日に開業した神戸姫路電気鉄道明石～姫路間の2社の路線が母体となるのが、西代～山陽姫路間（54・7キロ）および飾磨～山陽網干間（8・5キロ）を結ぶ山陽電気鉄道である。1927年に関西の大手電力会社・宇治川電気が両社を吸収合併し、1928年8月26日には兵庫～姫路間の直通運

阪神電気鉄道との相互直通運転により大阪～神戸～姫路間を結ぶ山陽電気鉄道　撮影：峰雪剛

転が開始された。１９３３年６月６日には宇治川電気の電鉄部が分離独立し、現在の山陽電気鉄道が設立された。

１９４１年７月６日に網干線が全通して現在の路線網となったが、１９６８年４月７日から神戸高速鉄道を経由して阪急電鉄・阪神電気鉄道と相互直通運転を開始したのにあわせ、併用軌道区間であった西代～兵庫間は廃止となった。

現在、阪神電気鉄道との直通列車が梅田～山陽姫路間で運行されており、さらに阪神電気鉄道は大阪難波～尼崎間を結ぶ阪神なんば線（近畿日本鉄道難波・奈良線と相互直通運転）の開業により、利便性が大幅に向上している。関西国際空港駅から難波駅まで南海電気鉄道、大阪難波駅から阪神電気鉄道を経由して、山陽姫路駅までアクセスできるようになった。

なお、姉妹駅協定を締結した亀山駅は、1923年8月19日の神戸姫路電気鉄道開業時に亀山御坊駅として設置。1944年4月1日に電鉄亀山駅、1991年4月7日に亀山駅に改称されている。

●台鐵宜蘭線の歴史

1917年から台湾総督府による鉄道建設工事が開始されたのが、縦貫線八堵から分岐し、宜蘭を経由して蘇澳《すおう》に至る宜蘭線である。北側と南側から順次工事が進められ、1924年11月30日に全通し、台北～八堵～宜蘭～蘇澳間に列車が運行されるようになった。台湾東部は海岸線の近くまで山が迫っており、宜蘭界隈の平野部を除いて宜蘭線は海岸線に沿うように線路が敷設されている。東部の中心都市である花蓮へは、基隆港と蘇澳港から連絡船が運航されていた。蘇澳～花蓮間の鉄道建設も検討されていたが、険しい断崖絶壁が続く海岸線と山々に阻まれており、この区間が結ばれたのは宜蘭線全通55年後の1980年1月のことであった。

なお、姉妹駅協定を締結した亀山《グェイシャン》駅は、1920年12月10日に開業した宜蘭線のローカル駅で、宜蘭県頭城鎮に位置している。駅近くに太平洋を望む漁港があり、沖合には亀の形をした亀山島がある。

石城～外澳間は海沿いに線路が敷設された宜蘭線。沖合の亀山島が車窓を飾る

宜蘭線の三貂嶺駅付近を快走する振子式装置を装備した特急列車「太魯閣號」

●同名駅を契機に姉妹鉄道協定を締結

２０１４年１月、家族連れの台湾人が舞子公園駅で「電車内に携帯電話を置き忘れた」と同駅の駅員に駆け寄ってきた。台湾人は日本語ができなかったため筆談で経緯を聞き、駅員が乗車した電車の終着駅の山陽姫路駅に連絡したところ、無事に列車内で携帯電話が発見された。本来ならば姫路まで取りに行くことになるが、山陽電鉄は地理に不案内な人なので舞子公園まで運んで手渡すことにした。台湾へ帰国した家族連れは「駅員に感謝を伝えたい」と台湾政府の出先機関・台北駐大阪文化弁事処に連絡したところ、同弁事処が山陽電鉄のホームページに書き込みをして、同社と台湾の交流がスタートすることとなった。この交流などを通じて台湾鐵路管理局に同社の亀山駅と同名駅があることが分かり、これを通じた鉄道交流を図ることが検討されることになった。

２０１４年12月22日、台鐵台北駅１階の特設会場において、台湾鐵路管理局の周永暉局長と山陽電気鉄道の上門一裕社長が締結書に署名し、台鐵宜蘭線と同社の路線が「姉妹鉄道協定」、双方の亀山駅が「姉妹駅協定」を締結した。双方に同名の亀山駅があることや海沿いを走行する路線を有するという共通点に因んでおり、この協定締結を機に、日本と台湾との間における観光面の相互交流のさらなる活性化を図るものとなった。

台北駅の1階の特設会場で開催された山陽電気鉄道と台湾鐵路管理局の締結式典

山陽電鉄沿線には姫路城や明石海峡大橋、孫文記念館、神戸牛など台湾からの観光客に人気の観光スポットがあり、南海電気鉄道および阪神電気鉄道と共同で海外からの観光客が使用できる「HIMEJI TOURIST PASS（姫路ツーリストパス）」を2015年1月20日から発売することとなった。これは、関西国際空港から日本に入国する外国人観光客向けの企画乗車券で、関西空港駅から南海なんば駅までの南海電鉄の片道乗車券と、大阪難波駅〜尼崎駅〜山陽姫路駅・山陽網干駅の山陽電車・阪神電車1日乗降フリー乗車券、さらに山陽電車沿線施設の割引優待がセットになったもの。当初は2015年3月31日までであったが、2017年3月31日まで発売期間が延長されている。

また、姉妹鉄道協定の締結から1周年を迎えるの

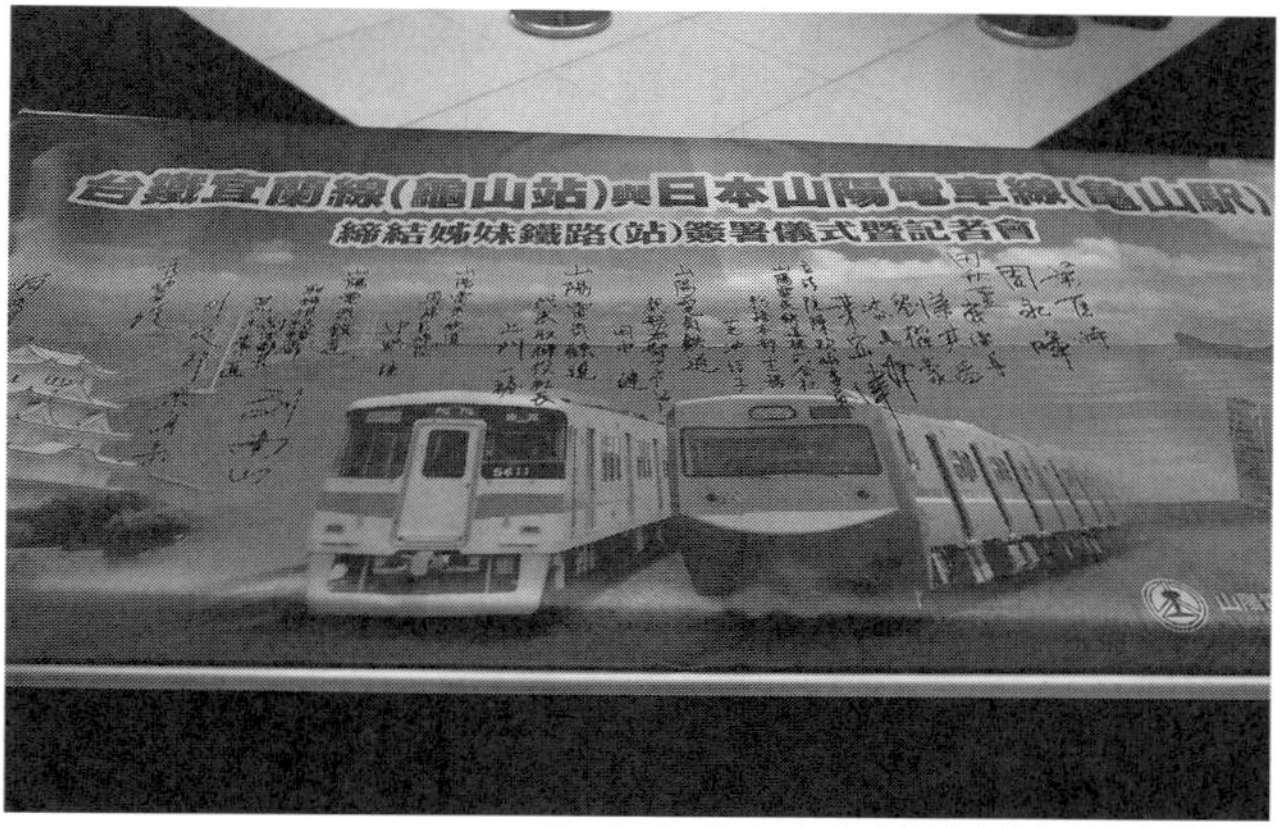

締結式の当日に参加者全員が署名。締結記念として台鐵の資料室に保存される

を機に、2015年12月21日に台北駅において観光連携協定を締結し、新たな取り組みとして使用済み乗車券を用いた相互交流サービスを実施することになった。2015年12月22日から2017年3月31日までの期間、使用済みの山陽電車の企画乗車券（6種類のいずれか1枚）を台北駅・瑞芳駅で人気観光スポット・九份も巡れる「東北角一日券」を、使用済みの「東北角一日券」と「姫路ツーリストパス」を板宿駅・山陽垂水駅・山陽明石駅・山陽姫路駅に持参すると、山陽電車指定の施設で利用できる特別優待券をプレゼントするというもの。関西エリアの初となる海外との乗車券相互交流がスタートすることになった。

空港アクセスで台湾人に馴染み深い京浜急行電鉄

●台湾鐵路管理局と友好鉄道協定を締結

２０１５年２月26日、台北駅１階の貴賓室において、台湾鐵路管理局の周永暉局長と京浜急行電鉄の原田一之社長が参列し、相互に協定書に署名を行い、友好鉄道協定を締結した。台鐵と京急電鉄はともに１９４８年に設立され、都市間輸送および観光輸送を担い、互いに沿線に河津桜の観光名所を持つなどの共通点が多いことから、相互の観光客の送客やイベントなどの交流事業を推進することとなった。

羽田空港～台北松山空港間には毎日８便が就航しており、羽田空港国際線ターミナル駅に設置された京急ツーリストインフォメーションセンターを利用する外国人のうち、台湾人が最も多いことから、台湾からの訪日観光客にとって京急電鉄は徐々に身近な鉄道になっているという。より親しみをもってもらえるように、同年２月26・27日の両日は台北駅構内で日本のマンガデザイナーによる似顔絵作成イベントの実施および京急沿線・空港線ＰＲパンフレットが配布された。

なお、２０１６年２月26日には友好鉄道協定の締結１周年を記念し、羽田空港国際線ターミナル駅の２階到着ロビー改札内連絡通路に「台湾ＰＲブース」を設置。台湾への渡航、台鐵の乗車

台北駅1階の貴賓室で行われた締結式。京急と台鐵の友好協定がスタートした

締結式に参列した関係者が集合し「讃！（いいね！）」と親指を立てて記念撮影

を想起させるビジュアルパネルや友好鉄道協定調印文書（写）、両者間で交換した記念品などを展示している。

●台鐵駅弁と記念乗車券の販売

友好鉄道協定を締結した記念として、2015年5月24日に京急ファインテック久里浜事業所で開催される「京急ファミリー鉄道フェスタ2015」の会場において、「京急×台鉄」の初のコラボ商品として「台鉄便當《たいてつべんとう》」を販売することになった。今回は台北駅構内にある「臺鐵便當本舗《タイティエベンタン》」のレシピを再現し、友好鉄道協定締結記念デザインが入った「京急×台鉄」オリジナルバッグと、臺鐵便當本舗で販売されている金属製弁当箱をセットにしたもので、本場・台湾の味が詰まった駅弁を楽しむことができることとなった。当日は早朝から並んだ大勢のレールファンが買い求めたため、限定1000個が午前中に売り切れてしまう人気であった。このように「台鉄便當」が好評を博したため、その後も品川駅で期間限定販売されるなど、このコラボは大成功となっている。

また、この会場において「台鉄×京急友好鉄道協定締結記念乗車券」が限定1500部で販売された。台鐵の太魯閣號《タロコハオ》と京急電車を組み合わせた専用台紙に、台鐵の地紋が入った3枚の硬券

京急ファミリー鉄道フェスタ2015の会場において「台鐵便當」が発売された

羽田空港国際線ターミナル駅の「台湾PRブース」で展示される締結書と記念品

台鐵の區間車（普通列車）の塗色をイメージした2100形のラッピング列車

乗車券をセットしたもので、羽田空港国際線ターミナル駅から８８０円区間・黄金町から３１０円区間・京急富岡から３１０円区間の計１５００円となっている。

●相互にラッピング列車の運行

友好鉄道協定の締結1周年を記念して企画されたのが、「ＫＥＩＫＹＵ　ＢＬＵＥ　ＳＫＹ　ＴＲＡＩＮ（京急ブルースカイトレイン）」２１００形8両編成が、台鐵で活躍する「區間車（普通列車）」の車両の色に類似していることから、車体に台鐵ロゴ、排障器に縞模様のラッピングを施した電車の運行である。２０１６年2月22日から6月初旬（当初は3月中旬までの予定であったが好評で延長）まで京急本線の快特などに運用されることになり、車両の前後には「友好鉄道協定締結記念」のヘッドマークが取り付けられた。

また、2016年5月12日からは「京急の赤い電車」をイメージしたラッピング列車が運行されることになり、当日は縦貫線の南港《ナンガン》駅で出発式が行われた。ラッピングされたのは台鐵のEMU700形通勤電車8両編成で、主に東部・西部幹線の宜蘭〜台北〜彰化間の区間車（普通電車）として運行される。期間は同年10月12日までとされていたが、台湾の人々から好評を博したこともあり、2017年3月現在も継続運行されている。

台湾へのアウトバウンドをリードする西武グループ

●西武ホールディングスが友好協定を締結

2015年3月14日、東京のグランドプリンスホテル新高輪において、台湾鐵路管理局の周永暉局長と西武ホールディングスの後藤高志社長が「包括的事業連携に関する友好協定」の協定書に調印し、両者間の友好協定が締結された。西武ホールディングスは、西武鉄道を中心とした鉄道輸送・沿線開発事業、プリンスホテルを中心としたホテル・レジャー産業、埼玉西武ライオンズ、伊豆箱根鉄道、近江鉄道などを持つグループ企業で、鉄道業のみではなくグループ全体の包

グランドプリンスホテル新高輪で行われた西武ホールディングスとの友好協定締結の調印式

括的事業連携を結んだことになる。

今回の締結における相互の取り組みとして、「大災害時の相互協力」「駅の広告スペースなどを利用した相互の観光ＰＲ」「記念乗車券の販売」の３つがあり、西武ホールディングスのグループ全体が包括的に連携することで、事業の発展や地域社会への貢献が相互に実現できるというものになったという。プリンスホテルは国内各地にホテル・レジャー施設を有するだけでなく、台湾にも台北グロリアプリンスホテル・嘉義ナイスプリンスホテル・剣湖山プリンスホテルの３ホテルがあり、インバウンド・アウトバウンドのいずれにも対応できる体制にある。

西武ホールディングスの取り組みの第１弾として、２０１５年４月13日から６月30日まで、新宿プリンスホテルと川越プリンスホテルにおける台湾料

西武鉄道の若林久社長（右）も参列して台鐵との姉妹鉄道協定を締結した

理キャンペーンが開催されたほか、4月11・12日に西武プリンスドームで開催された公式戦での「台湾デー」のイベント開催や、西武トラベルの台湾旅行予約キャンペーンなどが行われた。日本の観光事業を代表する企業グループ全体が日台間の観光事業促進に取り組むことにより、観光客の相互送客の拡大を期待したものである。

●西武鉄道が姉妹鉄道協定を締結

西武ホールディングスの「包括的事業連携に関する友好協定」とあわせ、台湾鐵路管理局と西武鉄道の「姉妹鉄道協定」の締結も同時に行われた。式典には西武鉄道の若林久社長、台湾鐵路管理局の黄振照餐旅服務總所總経理も参列し、記者会見では姉妹鉄道協定における「記念乗車券」の販売や相互の送

3月17日には台北駅1階の貴賓室において協定締結記念式典が行われた

客について抱負が語られた。

２０１５年3月17日、台北駅１階の台湾鐵路管理局の貴賓室において、台湾鐵路管理局と西武ホールディングス・西武鉄道との協定締結式典が行われた。西武ホールディングスの後藤高志社長、西武鉄道の若林久社長、台湾鐵路管理局の周永暉局長などが出席し、相互の協定締結を確認するとともに、台北駅１階の西側通路に設置された「西武鉄道ＰＲコーナー」の除幕式典に参列した。埼玉西武ライオンズのマスコット「レオ」の人形や西武沿線の観光地を案内するパネルが展示されており、早くもこの通路を利用する人がパネルに見入っていた。なお、西武鉄道は台北駐在員を置いてインバウンドを強化することとなり、プリンスホテルの駐在員とともに日本への観光客送客を担うこととなった。

台湾の鉄道記念日にあわせて、日本初となる「台湾と日本で利用できる乗車券」を販売した

●日台で利用できる記念乗車券を発売

２０１５年6月9日、台湾の「鐵路節」（鉄道記念日・１２８周年）にあわせて、「臺灣鐵路×西武鉄道　姉妹鉄道協定締結記念乗車券」を発売した。台鐵で使用できる硬券乗車券3枚と西武鉄道で使用できる硬券乗車券3枚の計6枚と、沿線の観光地やおもな車両を紹介した台紙をセットにしたもので、「台湾と日本で使用できる乗車券セット」は日本初のものとなる。

乗車券は台鐵が「台北→桃園《タオユエン》・42元」「高雄→潮《チャオ》州《ゾウ》・53元」「花蓮《ファーレン》→鳳林《フォンリン》・47元」、西武鉄道は「本川越から１８０円区間」「西武秩父から１８０円区間」「西武球場前から１５０円区間」。発売額は台湾が３００元、日本は１０００円で、台湾５００セット・日本２０００セットの限定販売となった。なお、

6月7日に開催された「西武・電車フェスタ2015 in 武蔵丘車両検修場」において先行発売した。西武鉄道と台灣鉄路に興味を持ち、新たな魅力を発券してほしいという企画であるが、先行発売では訪れたレールファンが列を成して購入する姿を見ることができた。

●ラッピング列車を運行

2017年3月18日、台灣鐵路管理局と西武鉄道との姉妹鉄道協定が3月14日で2周年を迎えたのを記念し、2000系車両8両編成をラッピングした「西武鉄道×台湾鉄路管理局　協定締結記念列車」として運転することとなった。日本においては江ノ電や京浜急行電鉄、東武鉄道でラッピング列車を運行しており、西武鉄道は4社目となる。

日本と台湾のさらなるインバウンド・アウトバウンドに繋げたいという想いを込めて、両者の沿線観光地8エリア（川越・秩父・所沢・新宿・北台湾・中台湾・南台湾・東台湾）をデザインした車両となっている。車内には、アウトバウンド向けとして台湾観光局の中吊りを掲出するなど、台湾への旅を楽しみたくなる趣向が凝らされている。列車は2019年12月末まで西武新宿線系統で運行される予定になっており、台湾を訪れる観光客の増加にひと役買うものとして期待されている。

姉妹鉄道協定2周年記念で運行を開始したラッピング列車の記念式典

また、２０１７年8月31日まで訪日外国人向け企画「西武鉄道×ＬＡＩＭＯキャンペーン」を実施しており、今回のラッピングもキャンペーンキャラクターのＬＡＩＭＯ（台湾で人気のキャラクター）が観光地を紹介するデザインとなった。３月18日はＬＡＩＭＯ作家のＣｈｅｒｎｇ氏などが参列し、本川越駅１番ホームで記念式典が開催された。また、特設ブースにおいて台湾観光局による観光ＰＲが行われ、台湾観光パンフレットの配布、台湾観光ノベルティのプレゼントなどが行われ、本川越駅界隈は台湾の魅力に染められた。

観光交流人口の活性化を受けて姉妹提携した東武鉄道

●東武鉄道が友好鉄道協定を締結

２０１５年12月18日、台北駅１階の特設会場において、台湾鐵路管理局の周永暉局長と東武鉄道の根津嘉澄社長が「友好鉄道協定」の締結書に署名し、東武鉄道と台湾鐵路管理局の友好鉄道協定が結ばれた。東武鉄道沿線には、日光・鬼怒川・川越など訪日外国人に人気の観光地があり、日台の観光交流人口の増加および今後のさらなる活性化が想定される情勢を受け、台鐵と相互に交流を深め、友好関係を築くとともに、相互の誘客および諸サービスの交流を図ることを目的として今回の締結が実現した。

今回の締結式が終了した後、両者共通デザインのエンブレムを掲出した特急列車の出発式を日本と台湾でほぼ同時刻に実施した。日本は東武スカイツリーライン浅草駅発15時の特急スペーシア「きぬ１２３号」、台湾では樹林発14時８分（日本時間15時８分）の自強號《ツーチャンハオ》「普悠瑪《プユマ》２３２號」が締結記念列車となり、各ホームではテープカットなどの記念式典が実施された。

なお、台北駅１階の西側にある通路では「東武鉄道ＰＲコーナー」が設置され、東武鉄道沿線の四季を映像などで紹介するようになった。東武鉄道の車両や沿線の観光地が紹介されており、

台北駅1階の特設会場で東武鉄道と台湾鐵路管理局の友好鉄道協定が締結された

樹林駅では両者共通デザインのエンブレムを付けた特急列車の出発式が行われた

先に協定を締結した日本の鉄道各社とあわせ、通路を行き交う台湾の人々の注目の的となっていた。

また、当日は両者共通のデザインの台紙を使用する「東武鉄道・台湾鉄路友好鉄道協定記念乗車券」が発売となった。日本では「幸手駅から650円区間」「福居駅から150円区間」「大山駅から200円区間」の片道硬券乗車券3枚セット（1000円・3500セット）の発売であった。

このほか、相互交流乗車券サービスとして、2016年12月18日までの1年間、「東京スカイツリー®パノラマきっぷ」もしくは「東京スカイツリー®周辺散策フリーきっぷ」の購入時に同封される乗車券袋を、台鐵台北駅・瑞芳駅に持参すると「平溪線一日週遊券」と無償で交換するというもの。東京下町を観光した後は、台湾の観光もお得に楽しめるという企画で、「平溪線一日週遊券」との無償交換は江ノ電に次ぐものとなった。

●普悠瑪塗装の「りょうもう号」が登場

様々な連携により日台間の交流人口の増加を図る施策として、2016年6月17日から東武伊勢崎線の特急「りょうもう号」に運用する200系車両6両編成1本が、台鐵自強號「普悠瑪」

台鐵の「普悠瑪號」のデザインを採用した特急「りょうもう号」用の200系車両

東武鉄道と台鐵との友好鉄道協定や「りょうもう号」について報道関係者に説明

浅草駅で行われた普悠瑪デザインの特急「りょうもう13号」の出発式

のデザインに変更して運行することとなった。この列車は浅草と足利市・館林・太田・赤城方面を結ぶ座席指定の特急列車で、台湾から同方面への誘客を図るとともに、台湾からの訪日観光客に親しみを持ってもらうことが目的のデザイン変更となる。

台鐵の「普悠瑪」の2016年度に増備された「干支ロゴ入り」の車両デザインを基本に、本来は「PUYUMA」と描かれる先頭車両の側面ロゴを「RYOMO」、台鐵のロゴを東武鉄道の社紋とした以外は、台鐵オリジナルのデザインが採用されており、まさに台鐵の普悠瑪号が東武鉄道で走行しているという感覚になるものとなった。

当日は浅草発11時20分の特急「りょうもう13号」太田行きで出発式が行われた。台湾からの来賓も参加してテープカットが行われた後、浅草駅の下総功治駅長の出発合図掲出で普悠瑪デザインの「りょうもう号」の運転がスタートした。

また、同日から「東武鉄道×台湾鐵路友好協定締結記念りょうもう号記念乗車券」（1セット1000円・2000セット）を発売した。「伊勢崎から310円区間」「葛生から590円区間」「赤城から小児100円区間」の硬券乗車券が車両の形をした1枚の台紙に印刷された珍しい仕様となっている。

なお、台湾からの観光客に対して実施していた乗車券交流サービスでは、これまでのサービス対象2種類の企画乗車券にプラスして、新たに設定した「台鉄専用　館林・足利市往復きっぷ」が用意されることとなり、両毛地区を訪れる台湾からの観光客に対するサービス向上が図られている。

●金色「日光詣」のPP自強號が登場

2016年10月3日、台湾鐵路管理局のPP1000形の自強號1編成が、東武鉄道の金色の「日光詣スペーシア」デザインにラッピングされて運行を開始した。日光の社寺をイメージした金色などのカラーリングが特徴の「日光詣スペーシア」のデザインを施したもので、日本でも馴染みのあるデザインが台湾でも見られることによって訪台日本人観光客に親しみを持ってもらう

金色の「日光詣スペーシア」と同じデザインをラッピングした台鐵のPP1000形車両

ことや、台湾でも日光へ興味を持ってもらうことが考慮されている。

この「日光詣スペーシア」とは、2015年4月18日から日光二社一寺と連携して浅草・東武スカイツリータウンから日光への誘客を図り、交流人口の増加を図るとともに沿線活性化を目的に運行しているデザイン列車である。特急スペーシアの外観カラー・窓枠帯・ラインカラーに日光二社一寺の建造物に使用されている荘厳な金色、重厚な黒色および艶やかな朱色を配したもので、世界遺産である二社一寺の色鮮やかな代表建築物をイメージしたものとなっている。

当日は日本と台湾でほぼ同時刻に「日光詣スペーシア」デザインの特急列車の出発式を行うことになり、日本は浅草発11時30分の特急スペーシア「きぬ

南港駅で行われた記念式典の後、台北駅まで試乗した根津嘉澄社長（左）と鹿潔身局長代理

高雄駅に停車中の「日光詣スペーシア」ラッピングを施したPP1000形の「自強號」

113号」、台湾では南港発10時21分（日本時間の11時21分）の臨時列車に充当された。南港駅では、台湾鐵路管理局の鹿潔身局長代理（現局長）と東武鉄道の根津嘉澄社長が参列し、同列車に乗車して台北駅までの乗車を楽しんだ。

東武鉄道では、連携施策として各種取り組みが行われており、台湾では東武スカイツリーをはじめ、日光・鬼怒川・両毛地区・川越などの観光地が台湾の多くの人に知られることとなった。列車のラッピングによる双方の宣伝効果は高く、今後も日台双方の交流人口増加にとって鉄道を中心としたＰＲは注目を集めるものとなるだろう。

第4章

日本と台湾の交流が活性化

地方鉄道のインバウンド施策が実った由利高原鉄道

●秋田駅での出会いが提携に発展

由利高原鉄道の公募により旅行業界から転身した春田啓郎社長は、かねてから海外からの観光客誘致に関心を寄せていた。秋田県内の観光名所には、台湾からの観光客も訪れるようになっていたが、田沢湖・角館・男鹿半島に比べると由利本荘市は知名度が低く、どのようにPRするのが効果的かを考えていた。JR北海道のC11形が牽引するSL列車「SL冬の湿原号」と台湾鐵路管理局のCK124のSL列車が姉妹列車提携を行い、釧路・網走を中心とした道東エリアへの台湾人観光客の誘致に対し効果的であったことに目をつけ、この姉妹列車提携の仲人を務めた台日鐵道交流事業促進協議會の伊藤一己氏に交流のノウハウを聞きたいと思っていた。

所用で秋田駅に出向いた春田社長の目に偶然飛び込んできたのが、日本と台湾の鉄道交流について聞きたいと思っていた伊藤一己氏の姿であった。伊藤一己氏はご子息の結婚式で秋田市を訪れたところであり、まさに姉妹鉄道にとっても縁起の良い日となった。この偶然の出会いが由利高原鉄道と台湾鐵路管理局の間をすぐに縮めることとなり、提携に向けた相互の鉄道視察が行われることになった。

羽越本線羽後本荘駅と矢島駅を結ぶ由利高原鉄道鳥海山ろく線の「まごころ列車」

矢島駅売店「まつ子の部屋」のまつ子さん。おもてなしの心で乗客の出迎え・見送りをしている

●由利高原鉄道の歴史

改正鉄道敷設法別表第15号に規定する「秋田縣本荘ヨリ矢島ヲ経テ院内ニ至ル鐵道」として計画されたのが、由利高原鉄道鳥海山ろく線の前身となる国鉄矢島線である。この計画路線と重なる羽後本荘~前郷間には、1922年8月1日に開業した私鉄の横荘鉄道西線が営業していたため、まずは1937年9月1日に買収・国有化して国鉄矢島線とした。同年12月に西滝沢駅、1938年10月21日には羽後矢島駅まで延伸開業して、現在の路線が全通している。なお、横荘鉄道東線となる横手~老方間は、後に羽後交通横荘線として運行されていたが、国有化された西線とは繋がることがなく、1971年7月20日に横手~沼館間が廃止となり全廃となっている。

1980年の国鉄再建法により第1次特定地方交通線に指定され、1981年10月1日に廃止が決定された。秋田県および地元市町では第三セクターとして存続させることを決定し、1985年9月30日限りで国鉄矢島線は廃止となり、同年10月1日から由利高原鉄道鳥海山ろく線となった。

秋田県と矢島町・本庄市・由利町（後に合併して由利本荘市となる）などが出資する由利高原鉄道は、JR羽越本線の羽後本荘駅と矢島駅を結ぶ全長23・0キロ、駅数12の非電化路線で、終点の矢島駅に本社・車庫施設がある。沿線は田園地帯が多く、列車の車窓から秀峰・鳥海山を眺めることができる。

由利高原鉄道の車内サービスや車窓を視察する台鐵局の鐘清達副局長と黄振照行政處處長（左）

由利高原鉄道30周年記念式典会場で台鐵局からの来賓と談笑する春田啓郎社長（中央左）

●台鐵平溪線と姉妹鉄道協定を締結

秋田県由利本荘市の長谷部誠市長は、２０１２年から台湾を訪問し、台湾人観光客誘致のトップセールスを行っていた。由利本荘市を訪れた台湾人観光客は２０１２年度が３０４人、２０１３年度は５２４人と増加しており、市と連携してインバウンド対策ができる環境にあった。由利高原鉄道の春田啓郎社長が台湾鐵路管理局を表敬訪問し、さらに提携先として希望する平溪線の沿線視察を行うと、姉妹鉄道提携の話は具体的なものとなった。

２０１４年４月30日、台北駅１階に設置された特設会場において、台湾鐵路管理局の周永暉局長と由利高原鉄道の春田啓郎社長が姉妹鉄道協定を締結した。平溪線は基隆河の渓谷に沿って三《サン》貂嶺《ダオリン》～菁桐《チントン》間を結ぶ全長12・９キロの路線で、日本統治時代の１９２２年7月に石炭を運ぶための専用線として建設。沿線には十分駅付近の老街、十分瀑布、天燈節などの名所・行事があり、台北近郊の観光名所として賑わっている。一方、由利高原鉄道は名峰・鳥海山や子吉川など四季折々に美しい沿線風景、「おばこ」の衣装をまとったアテンダントが乗務する観光列車の運行などで知られている。

由利高原鉄道と平溪線ともにタブレット閉塞区間が残っているのが共通事項で、お互いに鉄道の文化遺産を保護・活用していくという共同理念に基づき、友好姉妹協定の締結に至ったという。

台北駅1階の特設会場で姉妹鉄道協定の締結書に署名した周永暉局長（右）と春田啓郎社長

締結式が終了した後は台鐵局と由利高原鉄道の関係者が一堂に介して記念写真を撮影する

なお、2015年10月1日に「由利高原鉄道30周年記念式典」が由利本荘市で開催されたが、この式典には台湾鐵路管理局の鐘清達副局長と黄振照行政處處長が来賓として参列した。当日は羽後本荘駅から矢島駅まで「まごころ列車」に乗車し、春田社長から台湾人観光客に向けた取り組みについての説明を受けながら、沿線の美しい風景を楽しんだ。また、式典では鐘副局長が30周年の祝辞を述べ、姉妹鉄道協定の締結による日台友好の発展を記念している。

ローカル線の活性化が海外へと飛躍したいすみ鉄道

●鳥塚社長と台鐵との縁が発展

いすみ鉄道の社長に就任した航空業界出身の鳥塚亮社長は、廃線の危機に直面していた同線を活性化するための秘策を展開し、今ではレストラン列車「レストラン・キハ」や昭和の急行列車、何もないローカル線などで全国的に知られる千葉のローカル線となった。列車の前面展望ビデオシリーズを発売するパシナ倶楽部の企画をプロデュースするのも鳥塚社長で、このシリーズとして台湾鉄路の全路線を網羅しているが、社長自身が台湾の列車に何度も乗って撮影したものだという。何度も乗るうちに台湾鉄路の魅力に嵌り、2013年からは月刊誌『鉄道ダイヤ情報』

訪台時に台鐵局を表敬訪問する鳥塚亮社長。日常からの付き合いが大きな形に発展する

（交通新聞社刊）と協力し、台湾鉄路を楽しむツアー「台湾・鉄道三昧の旅」を企画。これが台湾鉄路の好きなレールファンに受け、2017年6月には9回目のツアーが実施されることになっている。

日本の鉄道の昭和の風景が残る台湾鉄路の魅力を発信する鳥塚社長は、秋田の由利高原鉄道が台鐵平溪線と姉妹鉄道協定を締結したことを喜ぶとともに、いすみ鉄道でも台湾鉄路と姉妹鉄道協定ができないかと模索していた。由利高原鉄道・山形鉄道・いすみ鉄道・若桜鉄道の4社は一般公募の社長が就任した第三セクター鉄道であり、横の繋がりから春田社長が台日鐵道交流事業促進協議会の伊藤一己氏を紹介することとなった。伊藤一己氏は台湾鐵路管理局から長年の交流事業が認められ2012年の「台鐵之友」を受賞しており、その太いパイプを利

結婚記念写真アルバムを作成するため、いすみ鉄道を訪問した台湾のレールファン

用して台鐵といすみ鉄道の最初の橋渡しを行うことになった。

2014年8月下旬、観光協定を締結している江ノ島電鉄や姉妹鉄道協定を締結している由利高原鉄道などを視察した台湾鐵路管理局の周永暉局長一行は、8月28日の午後にいすみ鉄道を訪問し、大多喜駅から大原駅まで24D列車に試乗した。鳥塚社長から会社概要および沿線の魅力などのガイドを受け、その後は勝浦市内のホテルにおいて「姉妹鉄道協定の仮調印式」が行われた。これにより、第三セクター鉄道で2番目となる台鐵との姉妹鉄道が誕生することになった。

●いすみ鉄道の歴史

改正鉄道敷設法別表第48号に規定する「千葉縣木

更津ヨリ久留里、大多喜ヲ経テ大原ニ至ル鐵道」の一部として計画された国鉄木原線が前身となる路線。１９１２年12月15日から大原〜大多喜間に千葉県営大原大多喜人車軌道が運行されていたが、経営が行き詰まると個人所有の人車軌道となった。１９２２年２月20日に夷隅軌道に譲渡されるが、国鉄木原線の建設が決定すると、同社は国への買収を働きかけ、１９２７年８月31日限りで廃止となった。そして１９３０年４月１日に国鉄木原線大原〜大多喜間が開業し、１９３４年８月26日には上総中野まで延伸開業して全通した。

１９８０年の国鉄再建法により第１次特定地方交通線に指定されると、１９８１年９月18日に廃止が承認された。鉄道存続を検討していた千葉県と沿線自治体では、第三セクター鉄道への転換を決定することとなった。１９８８年３月23日限りでＪＲ木原線は廃止となり、同年３月24日からいすみ鉄道となった。

千葉県と大多喜町・大原町・夷隅町（後に合併していすみ市となる）などが出資するいすみ鉄道は、ＪＲ外房線の大原駅と小湊鉄道の上総中野駅を結ぶ全長26・８キロ、駅数13（現在は14）の非電化路線で、途中の大多喜駅に本社・車庫施設がある。田園地帯と渓谷などが織りなす美しい風景が続き、列車の車窓から大多喜城を眺めることができる。

キハ28形気動車を使用した「レストラン・キハ」や「居酒屋列車あきら」が運行されている

インバウンド客の増加に対応して「伊勢海老特急・寿司&天ぷら列車」も登場した

●台鐵集集線の歴史

１９２１年、日月潭に発電所を建設するための資材運搬用として開業したのが、集集線の前身となる台湾電力の専用鉄道。当初は貨物専用線であったが、翌１９２２年には旅客営業が開始されている。１９２７年５月１日に台湾総督府鉄道部に買収され、戦後はＣＫ１２０形蒸気機関車牽引の旅客・貨物列車や旧形気動車が活躍した。なお、１９９９年９月に台湾中部を襲った大震災により壊滅的な被害を受けたが、地元の南投県政府などの援助により、２００５年５月に全線が復旧している。

南国の変化に富んだ車窓風景を楽しめる集集線。DR1000形気動車で運行されている

1999年9月の大震災で壊滅的な被害を受けた集集駅。地元の方の熱意で開業当時の姿となった

●台鐵集集線と姉妹鉄道協定を締結

２０１４年10月28日、台北駅１階に設置された特設会場において、台湾鐵路管理局の周永暉局長といすみ鉄道の鳥塚亮社長が姉妹鉄道協定を締結した。集集線は全長29・７キロ、駅数７のローカル線で、台湾最大の河川・濁水溪に沿って縦貫線二水駅と車埕駅を結んでいる。南国情緒豊かな風景が車窓を飾る路線で、途中の水里駅から日月潭方面へのアクセスバスが発着している。途中の集集駅は大震災で崩壊した日本統治時代の木造駅舎を忠実に再現・復興した駅舎、かつて木材の集積地として賑わった終点の車埕駅には車両を展示する鉄道公園があり、週末を中心に大勢の観光客で賑わっている。いずれも赤字ローカル線として廃止に直面していたが、見事に観光路線として復活しているのが共通の特徴となる。

相互送客を目指して姉妹鉄道協定を締結した両社局は、２０１５年２月11日から１日乗車券の相互交流を開始した。２０１６年12月31日まで、使用済みの「集集線一日週遊券」と「いすみ鉄道１日フリー乗車券」、使用済みの「いすみ鉄道１日フリー乗車券」と「集集線一日週遊券」を交換するというもので、相互に観光客誘致の効果があったため、２０１８年12月31日まで２年間延長することとなった。

台北駅1階の特設会場で行われた台鐵集集線といすみ鉄道の姉妹鉄道協定の締結式

日台間の鉄道交流支援で活躍する伊藤一己氏（左）と周永暉局長が相互に記念品を交換した

大多喜町手づくり甲冑隊や原住民の子供たちが参加して記念撮影を行なった

姉妹鉄道協定締結の前日に開催された「千葉の夕べ」。森田健作知事と留学生たちの交流も図られた

JR高山本線の美濃太田駅と北濃駅を結んで走る長良川鉄道越美南線
撮影：伊藤一己

川沿いの美しい風景が提携に繋がった長良川鉄道

●長良川鉄道の歴史

長良川鉄道は、高山本線美濃太田から美濃市・郡上八幡・美濃白鳥・九頭竜湖・越前大野を経由し、北陸本線福井を結ぶ国鉄越美線として計画された路線が前身となる。福井県側から越美北線、岐阜県側からは越美南線として建設が進められることになった。１９２３年10月５日、越美南線美濃太田〜美濃町間が開業したのがはじまりで、徐々に路線を延伸し、１９３４年８月16日には現在の美濃太田〜北濃間が全通した。しかし、当初の計画であった北濃〜九頭竜湖間の建設工事は着工されず、１９８０年の国鉄再建法により第２次特定地方交通線に指定され、1984年6月22日に廃止が承認された。1986年2月27日に特定地方交通線対策協議会において、岐阜県や沿線自治体が出資して第三セクターで運営することを決定した。1986年12月10日限りで国鉄越美南線は廃止となり、翌12月11日から長良川鉄道越美南線となっている。

岐阜県と沿線市町村が出資する長良川鉄道は、JR高山本線の美濃太田駅と北濃駅を結ぶ全長72・1キロ、駅数35の非電化路線。長良川沿いの風光明媚な風景の中を走る路線として知られており、一時期はトロッコ列車の運転も行われていた。沿線には刃物で有名な関市、美濃の「うだつ」の町並みが残る美濃市、郡上おどりで有名な郡上八幡などの観光地があり、近年はレストラン列車「ながら」の運転で注目を集めている。

●台鐵内灣線の歴史

沿線で採取される鉱産物や農産物を輸送する貨物線として、1947年に新竹~竹東《ジュートン》間が開業したのが内灣線。1950年にはスイッチバック駅の合興《フーシン》駅まで延伸され、1951年に終着の内灣駅まで延長開業して全通した。近年は貨物輸送が廃止となり、竹東駅や内灣駅の周辺が観光地として整備され、平溪線や集集線と同じく週末に観光客が押し寄せる観光路線となっている。

台湾高鐵（新幹線）の新竹駅が開業したのにあわせ、2007年3月1日から2011年11月

縦貫線新竹駅と内湾駅を結ぶ内湾線。非電化区間の竹中〜内湾間でDR1000形が活躍する

台湾のローカル線ブームもあり、内湾線の終着駅界隈は観光スポットとなっている

10日までの4年8カ月間、新竹〜竹東間が運休・バス代行となった。これは途中の竹中《ジューゾン》駅と六家駅（新幹線の新竹駅隣接）を結ぶ六家線を複線電化、さらに新竹〜竹中間も複線電化で建設して、新竹〜六家間を結ぶ新幹線アクセス列車を運行するためのものであった。運転再開後は朝夕の一部列車を除き、内灣線は竹中〜内灣間の折り返し運転となり、新竹〜竹中間は内灣・六家線直通の電車がメインとなった。

●台鐵内灣線と姉妹鉄道協定を締結

２０１５年9月4日、台鐵内灣線と長良川鉄道越美南線との姉妹鉄道協定の締結式が、内灣線竹東駅に隣接する竹東アニメ園区で行われた。長良川鉄道の日置敏明社長（郡上市長）をはじめ、長良川鉄道沿線5市町から美濃加茂市の藤井浩人市長、美濃市の武藤鉄弘市長、富加町の板津徳次町長らが出席。台湾側からは交通部の陳建宇部長をはじめ、台湾鐵路管理局の周永暉局長、新竹県の邱鏡淳県長が出席し、日台の自治体を含めた相互交流の強化と鉄道文化の国際化をアピールして締結書を交換した。内灣線と長良川鉄道は川沿いの美しい風景の中を走る路線という共通点が姉妹鉄道協定の締結に繋がったもので、今後の交流も自治体と鉄道が相互に協力して行っていくものとなっている。

内湾線竹東駅隣接の竹東アニメ園区で行われた長良川鉄道の姉妹鉄道協定の締結式

長良川鉄道沿線の市長・町長や新竹県の県知事などが参列し、観光面の協力も話し合われた

両者の1日フリーきっぷの大型パネルを手に乗車券交流をアピールした

日本側から市長・町長が参加し、新竹県知事公舎において懇親会が開催された

当日は姉妹鉄道協定の締結にあわせ、竹東駅において「内灣線一日週遊券記念2枚セット」が発売されたほか、長良川鉄道でも「姉妹鉄道記念1日フリーきっぷ」を発売した。さらに、2016年12月31日まで使用済みの「内灣線一日週遊券」と「長良川鉄道1日フリーきっぷ」、使用済みの「長良川鉄道1日フリーきっぷ」と「内灣線一日週遊券」を交換する乗車券交流もスタートした。乗車券交流は好評を博するとともに、長良川鉄道を訪れる台湾人観光客の増加を受け、2018年12月31日まで延長されている。

岩手県の山と海を走る第三セクター鉄道が海外提携

●IGRいわて銀河鉄道の歴史

東北本線の前身は日本最初の私鉄である日本鉄道が建設した上野～青森間を結ぶ路線で、1891年9月1日に上野～青森間の全線が開業した。1906年に国有化された後に東北本線の名称が使用されるようになり、1925年11月1日には東京駅まで延伸開業し、東京～青森間を結ぶ全長739・2キロの日本有数の長距離路線となった。

2002年12月1日、東北新幹線盛岡～八戸間の延伸開業に伴い、並行在来線となる東北本線

沿線のシンボルとして親しまれている岩手山をバックに走るＩＧＲいわて銀河鉄道

特急列車が行き来していた東北本線の線路を転用して普通列車が走るIGRいわて銀河鉄道

盛岡～八戸間が第三セクター鉄道になることが決定した。岩手県と青森県の境界が金田一温泉～目時間にあり、目時駅の南側に会社分界点を設置し、同社は盛岡～目時間を受け持つこととなった。目時駅以北の目時～八戸間は青森県と沿線市町村が出資する青い森鉄道が受け持つことになったが、旅客の利便性を考慮してJR時代と同様の直通列車を運行している。

岩手県と沿線の市町などが出資するIGRいわて銀河鉄道は、東北本線の盛岡駅と目時駅を結ぶ全長82・0キロ、駅数18の路線で、盛岡～好摩間にはJR花輪線の列車が乗り入れ運転を行なっている。車両は自社以外にJR・青い森鉄道の電車も運用されている。

●三陸鉄道の歴史

三陸鉄道の前身となるのは国鉄宮古線・国鉄久慈線および国鉄盛線となる。国鉄宮古線は、改正鉄道敷設法別表第6号に規定する「岩手縣久慈ヨリ小本ヲ経テ宮古ニ至ル鐵道」の一部として計画された路線。別表第6号と第7号を合わせて久慈から宮古・釜石を経て大船渡に至る三陸縦貫鉄道となる計画路線で、1939年4月に国鉄山田線宮古～釜石間が開業。1962年3月の鉄道建設審議会において、宮古～久慈間が調査線から工事線へと格上げとなり、1966年4月に久慈線宮古～久慈間の起工式が行われた。このうち、1972年2月27日に開業した宮古～田老間が国鉄宮古線となった。

国鉄久慈線も、改正鉄道敷設法別表第6号に規定する「岩手縣久慈ヨリ小本ヲ経テ宮古ニ至ル鐵道」の一部として計画された路線。前述したように1962年3月の鉄道建設審議会において宮古～久慈間が調査線から工事線へと格上げとなり、1966年4月に久慈線宮古～久慈間の起工式が行われた。1975年7月20日に久慈～普代間が開業して国鉄久慈線となった。

国鉄盛線は、改正鉄道敷設法別表第7号に規定する「岩手縣山田ヨリ釜石ヲ経テ大船渡ニ至ル鐵道」の一部として計画された路線。1935年に大船渡～盛間、1939年には山田～釜石間が開業した。盛～釜石間は1966年4月5日に起工式が行われ、1970年3月1日に盛～綾里間が国鉄盛線として開業した。1973年7月1日には綾里～吉浜間が延長開業したが、1980年の国鉄再建法により第1次特定地方交通線に指定された。1981年4月に岩手県が久慈線・宮古線・盛線および未開業区間を第三セクターで運営することを正式決定し、1984年3月31日限りで国鉄盛線は廃止となった。

1984年4月1日、未開業区間の田老～普代間、吉浜～釜石間が開業し、宮古～久慈間は三陸鉄道北リアス線、盛～釜石間は三陸鉄道南リアス線として新たなスタートを切ることになった。北リアス線は全長71・0キロ、駅数15、南リアス線は全長36・6キロ、駅数10となっている。

東日本大震災で大きな被害を受けた三陸鉄道北リアス線。2014年4月に全線復旧を遂げた

釜石線釜石とBRT盛駅を結ぶ三陸鉄道南リアス線。現在は観光鉄道として復活している

●台鐵縦貫線山線・海線と姉妹鉄道提携を締結

2016年6月1日、台鐵縦貫線の竹南〜台中〜彰化間の台中山線がIGRいわて銀河鉄道と、竹南《ジューナン》〜台中港〜彰化間の海岸線が三陸鉄道と、それぞれ姉妹鉄道協定を締結した。IGRいわて銀河鉄道と台中山線の地理環境が類似していること、三陸鉄道と海岸線は風光明媚な海岸を走る環境が類似していることに因んだもので、岩手県内の第三セクター鉄道2社と台鐵縦貫線竹南〜彰化間が姉妹鉄道となった。

当日は台鐵台北駅1階の特設会場において、盛岡の『さんさ踊り』が披露されたのに続き、台湾鐵路管理局の周永暉局長、2社の会長を務める岩手県の達増拓也知事、IGRいわて銀河鉄道の菊池正佳社長、三陸鉄道の望月正彦社長が調印に臨み、縦貫線が走る台中市の林佳龍市長と台湾観光協会の頼瑟珍会長が立会人として参列した。

今後はマーケティングや鉄道技術の交流を促進し、相互の観光客誘致および沿線市町村の活性化にも役立てていく予定となっている。

姉妹鉄道協定の締結式を前に盛岡の「さんさ踊り」が披露されて式典に彩が添えられた

岩手県の第三セクター鉄道の会長を務める岩手県知事も参列し、姉妹鉄道協定の締結を祝った

鉄道が輝いていた古き良き時代の雰囲気が漂う天竜浜名湖鉄道天浜線の天竜二俣駅

浜名湖と日月潭の懸け橋が発展した天竜浜名湖鉄道

●天竜浜名湖鉄道の歴史

改正鉄道敷設法別表第63号に規定する「静岡縣掛川ヨリ二俣、愛知縣大野、静岡縣浦川、愛知縣武節ヲ経テ岐阜縣大井ニ至ル鐵道」の一部として計画された路線が、天竜浜名湖鉄道天竜浜名湖線（通称：天浜線）の前身となる国鉄二俣線である。軍事上の視点から東海道本線が攻撃を受けた時のバイパスとすることになり、1933年に追加された改正鉄道敷設法別表第63号ノ2に規定する「静岡縣二俣ヨリ愛知縣豊橋ニ至ル鐵道」となった。1935年4月17日に国鉄二俣線（二俣西線開業時に二俣東線に改称）の掛川〜遠江森間が開業した。1936年11月

天竜川を渡る天浜線の軽快気動車。浜名湖北側の美しい自然の風景が車窓を飾る

1日には新所原〜三ヶ日間が二俣西線として開業。1938年4月1日に三ヶ日〜金指間、1940年6月1日に遠江森〜金指間が延伸開業して全通した。これにあわせ、掛川〜遠江二俣〜新所原間が国鉄二俣線となっている。

1980年の国鉄再建法により第2次特定地方交通線に指定され、その動向が注目されていたが、4年後の1984年6月22日に廃止が承認されてしまった。これを受けて静岡県と6市4町1村の沿線自治体は、1986年3月に第三セクター方式で運営することを正式決定した。1987年3月14日限りで国鉄二俣線は廃止となり、翌3月15日から天竜浜名湖鉄道天浜線となった。

静岡県・浜松市および沿線自治体が出資する天竜浜名湖鉄道は、東海道本線の掛川駅と新所原駅を結ぶ全長67・7キロ、駅数37（現在は39駅）の路線。昭和の時代の鉄道施設や情景が今もそのまま残されており、１９９８年に天竜二俣駅構内施設、２０１１年には鉄道全線が国の登録有形文化財に指定されている。

●台鐵集集線と友好協定を締結

２０１６年8月に浜松・湖西両市と観光協会などで構成された浜名湖観光圏整備推進協議会（会長：浜松市の鈴木康友市長）と、台湾南投県の観光産業連盟が交流協定を締結することとなった。台湾中部にある台湾最大の淡水湖「日月潭《リーユェンタン》」と静岡県の「浜名湖」を懸け橋とした相互のインバウンドに寄与し、観光客の増加に繋げたい意向が締結へと発展した。

さらに日月潭のアクセスとしても利用される台鐵集集線と、浜名湖の西岸を走る天竜浜名湖鉄道天浜線も姉妹鉄道協定を締結することで、鉄道と観光をあわせて両地域観光の地域繁栄・発展を促進できるものとなった。

２０１６年8月27日、集集線の車埕駅構内に設置された特設会場において、台湾鐵路管理局の鐘清達副局長と静岡県の川勝平太知事、天竜浜名湖鉄道の植田基靖社長が協定締結緒に署名を行なった。当日は浜名湖と日月潭の友好交流協定を締結する浜松市の鈴木康友市長も立ち合い、鉄

1998年に国の登録有形文化財に指定された旧機関区施設。扇形車庫や転車台なども残っている

南国情緒豊かで変化に富んだ車窓が楽しめる集集線を走るCK124牽引のSL列車

道と観光地を含めた協力関係をアピールした。

なお、使用済みの「集集線一日週遊券」と「天浜線1日フリーきっぷ」、使用済みの「天浜線1日フリーきっぷ」と「集集線一日週遊券」を交換する乗車券交流が行われることになり、同日から2017年12月31日まで実施された。

第5章

日台鉄道交流の展望

乗車券交換で相互の観光客誘致を推進

●はじまりは江ノ電から

２０１３年４月23日に台鐵平渓線と観光連携協定を締結した江ノ島電鉄（江ノ電）は、同年５月１日から「台湾・平渓線との相互利用キャンペーン（乗車券交流キャンペーン）」をスタートさせた。江ノ電の一日乗車券「のりおりくん」（５８０円）の使用済み券を台北駅または瑞芳駅の窓口にパスポートとともに提示すると、瑞芳〜菁桐間が一日乗り降り自由となる台鐵の「平渓線一日週遊券」（52元）と無料で交換できるというもの。また、台鐵の「平渓線一日週遊券」の使用済み券を江ノ電の藤沢駅・江ノ島駅・鎌倉駅の出札窓口に提示すると、江ノ電の一日乗車券「のりおりくん」と無料で交換することができる。

相互に一日乗車券と交換できるキャンペーンは好評を博し、夏休み期間中に江ノ電を訪れる台湾人観光客が増加した。そこで、より一層の連携を進めることを目的として、江ノ電では同年９月14日から「台湾平渓線観光連携記念のりおりくん・入場券セット」（藤沢駅セット７７０円・江ノ島駅セット７７０円・長谷駅セット７７０円・鎌倉駅セット７１０円）を発売した。これは江ノ電の発売駅の硬券入場券（１９０円・鎌倉駅のみ１３０円）と平溪線のレプリカ硬券入場

湘南海岸や富士山、鎌倉時代の古刹を車窓に走る江ノ電。1日乗車券「のりおりくん」が必携アイテムとなる　撮影：結解学

江ノ電の利用で交換できる1日乗車券で平溪線の旅が楽しめた。写真は終点の菁桐駅

券、特別デザインの「のりおりくん」をセットにしたもので、発売と同時に売り切れるというほどの人気であった。

相互に一日乗車券が無料で交換できるキャンペーンは、双方で3700人以上の利用が記録された。観光客の誘致や江ノ電・平溪線の観光促進に効果があったため、当初は2014年3月31日までの期間であったが、2015年3月31日まで1年間延長することになった。2014年1月9日には深澳線瑞芳〜海科館間が復活営業運転を開始したため、同年7月から発売の新しい「平溪線一日週遊券」（64元）では、同区間もフリーエリアに含まれることとなった。さらに2016年3月31日まで延長されることとなり、約3年間にわたって江ノ電の乗車券交流キャンペーンが続けられた。

●1日乗車券交換が続々登場

江ノ電と平溪線の1日乗車券の無料交換は大きな話題となり、日本と台湾の双方で宣伝効果があったため、その後の姉妹鉄道提携でも1日乗車券の無料交換が検討されるようになった。2014年10月28日に台鐵集集線と姉妹鉄道協定を締結した千葉県のいすみ鉄道では、2015年2月11日から2016年12月31日の期間、「いすみ鉄道1日フリー乗車券」（1000円）と

台鐵ローカル線の沿線散策に便利な「一日週遊券」。平溪線・深澳線（上）や集集線が1日乗り降り自由となる

いすみ鉄道などは交換用の特別な1日フリーきっぷ（下）を用意。コレクターの注目の的となっている

長良川鉄道と台鐵内湾線との乗車券交流は現地TVメディアの取材を受け、同日に全国放映された

「集集線一日週遊券」(90元)の1日乗車券相互交流が行われることになった。いすみ鉄道では、台鐵の「集集線一日週遊券」の使用済み券を大多喜駅窓口または大原駅売店に持参すると、「いすみ鉄道1日フリー乗車券」と無料で交換。同様に台鐵では、台北駅12番窓口および彰化・田中・二水の各駅窓口に「いすみ鉄道1日フリー乗車券」の使用済み券を持参すると、「集集線一日週遊券」と無料で交換するというもの。いずれかの1日乗車券を使用すれば、姉妹鉄道提携を締結した相手方の一日乗車券と交換できるという「1回分で2度楽しめる」コラボ企画となっている。

また、いすみ鉄道で交換される「いすみ鉄道1日フリー乗車券」は、交換専用の特別デザインきっぷが使用されており、鉄道ファンのコレクター用として人気が高いという。このきっぷを手に入れるには、まずは台鐵集集線に乗車することが大前提となるので、この機会に台湾の列車旅を楽しんでみようと思う人もいるだろう。いすみ鉄道の乗車券相互交流も利用者数が増えているため、2018年12月31日まで2年間の延長が決定している。

さらに大井川鐵道・黒部峡谷鉄道と阿里山森林鐵路、長良川鉄道越美南線と台鐵内灣線、山陽電気鉄道の相互乗車券交流や、東武鉄道の訪日台湾人へ向けたフリーパスの割引などがあり、今後も乗車券を通じた交流が実施されていくものと思われる。なお、第2章から第4章の各社の提携内容には、乗車券関連の詳しい交流を記しておいた。

日台縦断！鉄道スタンプラリーを実施

●日台縦断！鉄道スタンプラリー

2015年2月にJR東日本が姉妹駅、同年2月に京急電鉄（京浜急行電鉄）が友好鉄道協定、同年3月に西武鉄道が姉妹鉄道協定を締結したのにあわせ、JR東日本・京急電鉄・西武鉄道・台湾鐵路管理局の4社局合同イベントとして「日台縦断！鉄道スタンプラリー」を開催する

台湾の駅めぐりに便利な乗り降り自由の台鐵「TRパス」（左）と高鐵「高鐵パス」

ことになった。日本2駅＋台湾2駅＋どこでも1駅の合計5駅のスタンプを集めると、女性キャラクターのイラストと各社ロゴが入った特別記念品の「オリジナルトートバッグ」を先着2000名（日本1000名・台湾1000名）にプレゼントするというもの。期間は2015年8月25日から2016年8月31日までの約1年間だが、東京エリアに在住の日本人の場合は台湾で2個のスタンプをゲットすれば、後は週末に西武鉄道や京急電鉄、JR東日本で日帰り旅を楽しめば簡単にクリアできるものだ。

スタンプ設置駅などに用意された「スタンプラリー帳」を手に入れ、後はスタンプラリー帳で紹介される指定駅の案内を見ながらスタンプラリーを楽しむことになる。このスタンプラリー帳は観光を楽しむ女性の美しいイラストで構成されており、これを手に入れるだけでも日台双方の旅への思いが高まってくる。日本と台湾の駅を巡る必要があるので参加者が集まるか不安もあったのだろうが、見事に大当たりのイベントとなり、「スタンプラリー帳」や特別記念品の「オリジナルトートバッグ」は準備したものが無くなるという事態に陥った。「スタンプラリー帳」はホームページからダウンロードしたものが利用できるようにし、特別記念品については追加製作することで対応することとなった。

・スタンプ設置駅＝西武鉄道の西武秩父駅・本川越駅、京急電鉄の三浦海岸駅・羽田空港国際線ターミナル駅、JR東日本の東京駅、台鐵の台北駅・新竹駅・台中駅・嘉義駅・花蓮駅の日本5駅、台湾5駅の計10駅
・スタンプラリー帳設置箇所＝西武鉄道の池袋駅・西武新宿駅・所沢駅・西武秩父駅・本川越駅、京急電鉄の三浦海岸駅・羽田空港国際線ターミナル駅、JR東日本の東京駅（トラベルサービスセンター）、台鐵の台北駅・新竹駅・台中駅・嘉義駅・花蓮駅
・特別記念品の引換場所＝羽田空港国際線ターミナル駅2階の京急TIC、台北駅西三門の台鐵夢工場旗艦店

「日台縦断！鉄道スタンプラリー第2弾」のパンフレットも美しいイラストで魅力いっぱいだ

●日台縦断！鉄道スタンプラリー第2弾

「日台縦断！鉄道スタンプラリー」の第2弾は、台湾鐵路管理局と2015年2月に友好鉄道協定を締結した「京急電鉄（京浜急行電鉄）」、同年3月に姉妹鉄道協定を締結した「西武鉄道」、同年12月に友好鉄道協定を締結した「東武鉄道」が、日本・台湾両社の地域社会の発展、各社の事業の発展を目指して実施することとなった。前回実施したスタンプラリーが好評であったことから、今回は第2弾として各沿線の「パワースポット」を楽しめる内容としている。心が癒やされたり、運気が上がると言われているパワースポットを巡り、各駅のスタンプ収集とあわせ、壮大な自然からパワーを感じ取る旅ができるというものだ。

今回は11か所の対象駅を巡り、日本2か所＋台湾

2か所＋いずれか1か所の計5か所のスタンプを集めれば、特別記念品の「オリジナルペットボトル用巾着袋」が先着2500名にプレゼントされる。交換期間は2017年1月27日から7月31日（記念品交換は8月10日）までで、前回の経験から今回は約半年間と期間を短縮している。

また、全10駅のスタンプを集めると4社局からの景品が当たる「コンプリート賞」も用意されている。全10駅（本川越駅と川越駅はいずれか1駅）のスタンプを集めたスタンプラリー帳を交換場所に持参すると貰える「応募はがき」に必要事項を記入して送ると、各社が用意した素敵な景品が抽選でプレゼントされる。

・スタンプ設置駅（パワースポット）＝西武鉄道の西武秩父駅（三峯神社・寶登山神社・秩父神社）・本川越駅（川越氷川神社）、京急電鉄の穴守稲荷駅（穴守稲荷神社）・三崎口駅（城ヶ島）、東武鉄道のとうきょうスカイツリー駅（金龍山浅草寺・浅草神社）・東武日光駅（中禅寺湖・華厳の滝）・川越駅（川越氷川神社）、台鐵の台北駅（龍山寺）・大甲《ダージャ》駅（鎮瀾宮）・台南駅（大觀音亭暨興濟宮）・花蓮駅（聖天宮）の日本7駅、台湾4駅の計11駅　＊本川越駅と川越駅はどちらか1か所のみ有効

・スタンプラリー帳設置箇所＝西武鉄道の池袋駅・西武新宿駅・所沢駅・西武秩父駅・本川越駅、京急電鉄の穴守稲荷駅・三崎口駅・京急ＴＩＣ、東武鉄道のとうきょうスカイツリー駅・

東武日光駅・川越駅、台鐵の台北駅・大甲駅・台南駅・花蓮駅

・特別記念品の交換場所＝羽田空港国際線ターミナル駅2階の京急ツーリストインフォメーションセンター（京急ＴＩＣ）、台北駅西三門の台鐵夢工場旗艦店

・コンプリート賞＝【西武鉄道賞】埼玉西武ライオンズ選手サイン入りユニフォーム（5名）【京急電鉄賞】京急ＥＸイン品川駅前ペア宿泊券（2組4名）・葉山女子旅きっぷペア招待券（3組6名）【東武鉄道賞】東武ワールドスクウェアペア入場券（5組10名）【台湾鉄路賞】「普悠瑪」模型の高粱酒（5名・20歳以上に限る）・台鐵オリジナル多機能ペンとスタンド（5名）

日本と台湾の駅弁が勢揃い！

●ＪＲ北海道提携記念の駅弁販売

台湾鐵路管理局の駅や列車内で販売する「駅弁」は「台鐵便當」と呼ばれており、七堵・台北・台中・高雄・花蓮にある5か所の製造工場で作られている。かつては、白米の上に豚肉や鶏肉、卵（醤油煮込み・目玉焼きなど）、野菜、漬物が載ったものだけであったが、この数年で多彩な駅弁が作られるようになった。一般的な駅弁が60元、デラックスタイプは80元・１００元と手軽に

JR北海道との姉妹列車協定の締結で誕生した限定弁当の「臺鐵・北海道特色便當」

常設弁当売店のほか、電気機関車をイメージした屋台でも販売される「臺鐵便當」

鴨肉を使用した宜蘭風味の駅弁。定番の排骨便當に加えて多彩な内容の駅弁が発売されている

買える価格設定ということもあり、通常の食事として「台鐵便當」が市民権を得ているようだ。

台鐵の駅の弁当売店では「台鐵便當」のみの販売となるのだが、2013年3月9日から台北駅1階の駅弁売店「台鐵便當本舗」において、北海道の味覚が味わえる「台鐵・北海道特色便當」(150元)が毎日数量限定で発売されることになった。釧路の豊富な海の幸の駅弁を製造する釧祥館がレシピと技術を提供し、台湾で製造する日本の駅弁として登場。販売時間が近づくと長蛇の列ができ、あっという間に売り切れる人気駅弁となった。一般的な台鐵便當に加え、焼鮭と昆布巻きが入っているのが特徴だが、通常の駅弁と比べて高価であるにもかかわらず売れ続けているという。

そして、「第2回鐵路便當節」が終了した2016

年８月の12日から31日までの間、ＪＲ東日本は日本の駅弁３種類を台北駅１階の「台鐵夢工場」前で販売することになった。ＪＲ東日本グループのＮＲＥ（日本レストランエンタプライズ）が監修する「新幹線Ｅ７系弁当」「日本のおもてなし弁当」「深川めし」（各２５０元）で、販売初日は松崎哲士郎ＪＲ東日本執行役員・事業創造本部副本部長、大井寛之ＮＲＥ常務・営業本部長、台鐵局の朱來順主任秘書などの関係者が参加して、オープニングセレモニーが行われた。さらに、８月23日には東北地方の魅力を紹介する「東北感謝祭」が開催され、「あったか牛たん弁当」の販売が行われたほか、「ＪＲ　ＥＡＳＴ　ＰＡＳＳ（東北エリア）」などが当たる抽選会が実施された。２０１６年の夏は台北で日本の駅弁がＰＲされるとともに、味覚を通じた訪日客誘致のインバウンド施策が行われている。

●鐵路便當節（駅弁フェスティバル）

台湾では１９９０年から１～２年に１回の割合で「台湾美食展」が開催されており、２０１５年７月17日から20日まで台北世界貿易センター一館で開催された23回目の「２０１５台湾美食展」においては、「食の旅」をテーマにしたエリアが設置された。台鐵では「２０１５鐵路便當節（駅弁フェスティバル）」として出店することになり、駅弁に関する資料の展示とあわせ、自

大勢の来客で賑わった「鐵路便當節2015」の会場。日本の出展ブースは売切れの札が掲出された

慢の駅弁を販売することになった。そこで、同年2～3月に姉妹駅協定や友好鉄道協定、姉妹鉄道協定を締結したJR東日本・京急電鉄・西武鉄道にも声をかけ、国際的な駅弁フェスティバルにすることが計画された。

日本の鉄道3社は台北での駅弁販売に積極的に参加することになり、早急に現地での生産を検討することになった。空路で3時間ほどの距離ではあるが、日本国内と同様に駅弁そのものを運んでくるわけにはいかず、現地の食品会社にレシピなどを提供して販売することになった。台湾では「駅弁」は温かいものと決まっており、冷たい駅弁が現地の人に受け入れられるかという心配があった。

いよいよ「台湾美食展」の開幕となったのだが、日本の鉄道3社のブースには朝から長蛇の列がで

JR東日本や京浜急行電鉄、西武鉄道が参加して日本の駅弁の味を提供していた

「鐵路便當節2015」の会場に掲出された日本の駅弁の特徴などを紹介するパネル

日本の鉄道の紹介やグッズが当たる抽選会が行われた「鐵路便當節2016」のイベントステージ

き、何と午前中に完売してしまうという驚きの結果が待っていた。すぐに増産して期待に応えたいところであったが、予想外の売れ行きもあって、あらかじめ用意した弁当箱が不足する事態となるほどの人気となった。日本の駅弁は冷めても美味しいというコンセプトが受け入れられたのだろう。翌年夏の第2回の鐵路便當節に向けて、各社の意気込みが熱くなっていた。

●2016年夏は参加会社が6社に増加

前年の「台湾美食展」における「鐵路便當節」が成功裏に終了したことを受け、2016年も日本からの参加を交えて盛大に開催することが決定した。昨年参加したJR東日本、京急電鉄、西武鉄道に加え、江ノ島電鉄や東武鉄道、IGRいわて銀河鉄道

オリジナル弁当を用意して「2016鐵路便當節」に参加したIGRいわて銀河鉄道

がオリジナル駅弁を用意して準備を整えていた。JR東日本の駅弁は「新幹線E7系弁当」など馴染みのあるものが用意されているが、このほかの5社は通常、各社の駅や列車内で「駅弁」を販売することがない鉄道会社である。それだけに日本の味覚を台湾の方に伝えたいという思いが強くあり、台湾だけで食べられる駅弁が完成したのである。

今回は8月5日から8日の4日間で、会場は同じく世界貿易センター一館となった。今回は韓国や台湾の民間業者、高鐵（新幹線）など多彩な顔ぶれとなり、午前中から「2016鐵路便當節」会場は、お気に入りの駅弁を買う人で行列ができていた。昨年のような午前中の売り切れを回避するべく各社の駅弁が用意されたので、幸いにも昼時まで希望の駅弁を手に入れることができたようだ。

東武鉄道ブースは浅草名物「すき焼き弁当」を用意。購入者に東武グッズが当たる抽選会も実施した

IGRいわて銀河鉄道の車両をデザインした弁当箱に入った特製駅弁。台湾での限定販売となる

ＪＲ東日本はＥ７系の車体デザインのケースに入った「新幹線Ｅ７系弁当」、東武鉄道は浅草の味覚を代表して「牛すき弁当」、西武鉄道は秩父名物のわらじカツを１０００系ＮＲＡデザインの紙箱に入れた「草鞋豬排便當」、京急電鉄は三崎のマグロ料理をイメージした「まぐろ丼」、江ノ島電鉄は湘南名物の「しらす丼」や小田急の「ＶＳＥロマンスカー弁当」、ＩＧＲいわて銀河鉄道は「銀河列車造型便當」などを用意した。

第2回も熱気あふれる「鐵路便當節」となったが、すでに２０１７年夏に開催される第3回に向けて新規参入を予定している日本の鉄道会社があるという。日本と同様に「駅弁」文化が市民権を得ている台湾で、日本の鉄道会社のオリジナル駅弁を味わうのも一興である。

台北駅に展示される日本の鉄道

●台北駅に日本の鉄道コーナー設置

台北駅舎の1階の西側にある南北を結ぶ通路には、鉄道協定を締結した日本の鉄道会社を紹介する「台日鐵道觀光藝展區」が２０１５年12月4日に設置されている。時系列で姉妹鉄道協定・友好鉄道協定を締結した日本の鉄道会社がパネル展示されているほか、各社の概要を示すパネル

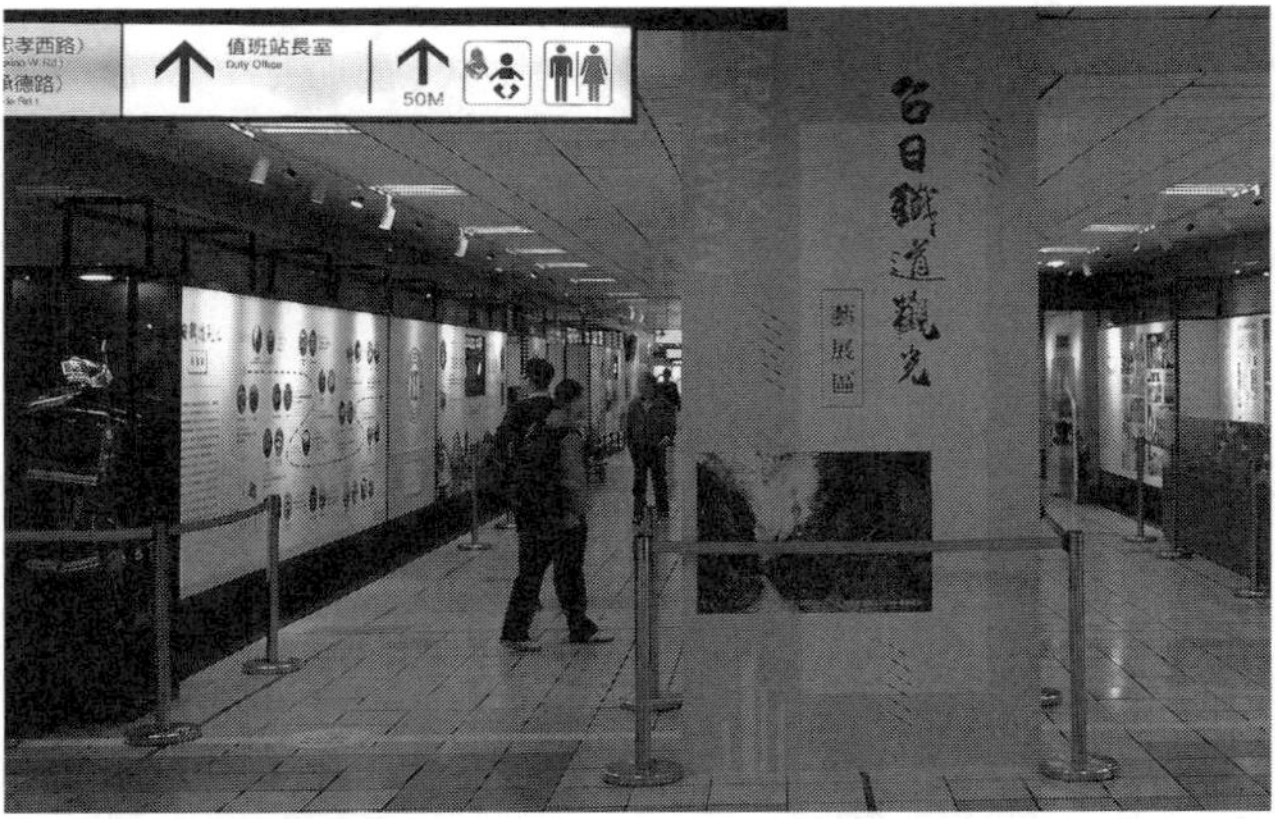

台北駅の西側にある通路に設置された日本の提携鉄道を紹介する「台日鐵道觀光藝展區」

や記念品が飾られている。２０１５年11月９日に「大多喜町手作り甲冑隊」がいすみ鉄道と台鐵集集線の姉妹鉄道提携1周年を記念して贈呈した甲冑や、埼玉西武ライオンズのマスコット人形なども展示され、台北駅を訪れた旅行客や通勤客が見入っている姿から、ここでも日本の鉄道を通じて「日本の美しさ」を感じ取っているように思える。

展示方法も各社で工夫を凝らしており、京浜急行電鉄のイラスト風漫画、ＪＲ西日本や東武鉄道のビデオ放映など、ここを通る人々が興味を持つ内容となっている。北西の角の入口にある大多喜町の甲冑は威厳を感じるもので、台湾を訪れた多くの外国人にも日本の伝統美を紹介するのに役立っている。このエリアを見た外国人が次は日本へと思ってくれれば、日本と台湾の鉄道と観光をガイドしたコーナー

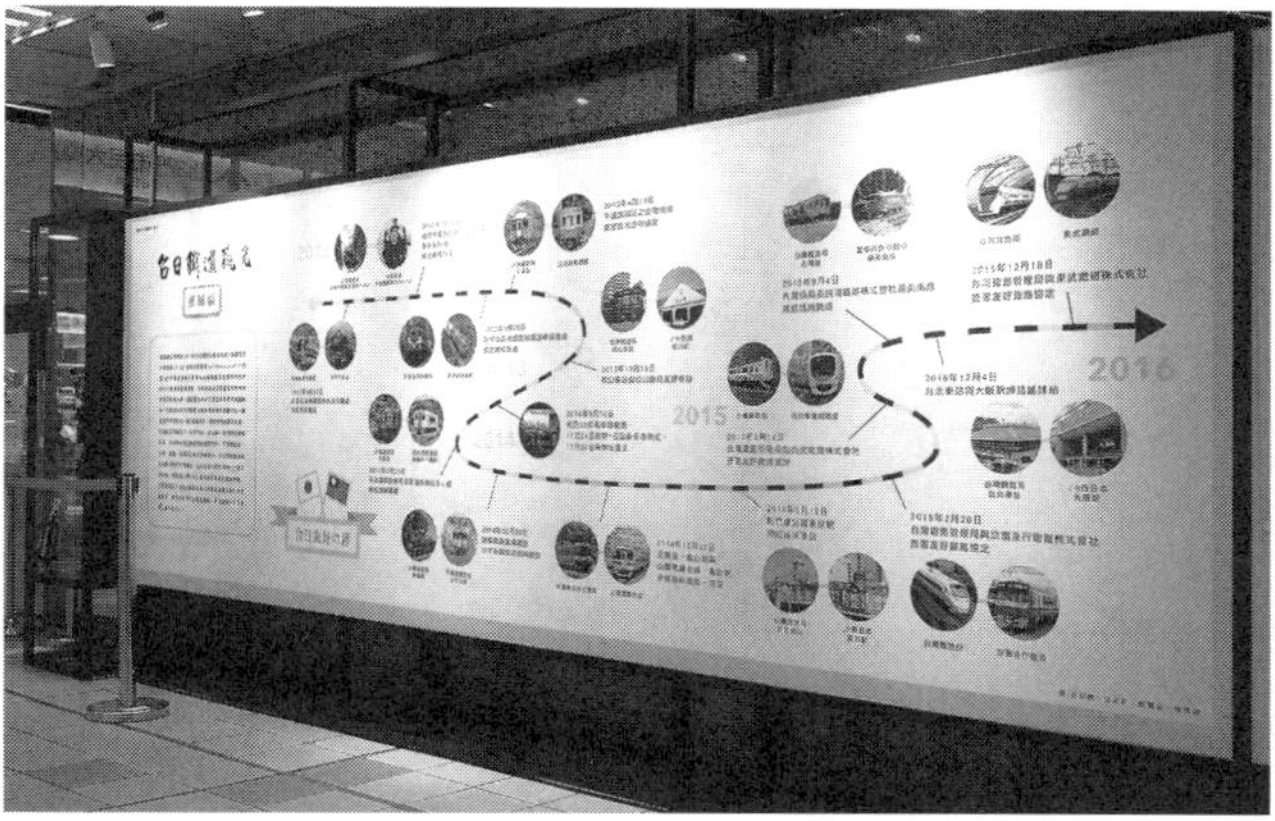

台鐵と日本の鉄道との交流の歴史が時系列でわかるパネルが展示されている

西武鉄道から贈られた埼玉西武ライオンズのマスコット人形も飾られている

「台湾・鉄道三昧の旅」では、縦貫線田中駅に設置されたいすみ鉄道コーナーで記念写真を撮影

は素晴らしい広告効果である。

●日台双方の駅に展示スペースを設置

２０１３年10月13日に友好駅提携を締結したＪＲ四国と台鐵の松山駅だが、相互送客および鉄道技術交流などの連携・協力をより一層活性化するため、２０１６年２月にＪＲ四国と台鐵は新たに友好鉄道協定を締結した。この友好協定事業の一環として、台鐵松山駅の地下１階に「台鐵×ＪＲ四国交流館」が開設された。同年６月８日にはＪＲ四国の泉雅文社長を来賓に迎え、台鐵の周永暉局長と松山駅の曾國煌駅長が参列して開所式が行われた。

この施設には、これまでのＪＲ四国との交流事業などを紹介するパネル展示や相互の記念品などが展示されており、展示を通じて友好鉄道協定および友

由利高原鉄道鳥海山ろく線の矢島駅舎内に設置された台鐵との提携コーナー

好駅協定の概要や交流事業、ＪＲ四国および松山市の観光などの情報が把握できるようになっている。ＭＲＴ松山線と台鐵の松山駅の導線上にあるため、多くの台湾の方が目にする広告効果が十二分に果たされることとなった。

また、宜蘭線瑞芳《ルイファン》駅に由利高原鉄道、縦貫線田《ティエン》中《ジョン》駅にいすみ鉄道、宜蘭線龜山駅に山陽電気鉄道の展示コーナーが設置されており、日本と台湾の鉄道を通じた交流が生かされている。日本でも由利高原鉄道の矢島駅や京浜急行電鉄の羽田空港国際線ターミナル駅に台鐵の展示コーナーがあり、このほかの提携会社でも台鐵のＰＲを行っており、それらを見て台湾の旅に興味をもつ人も多くなっているという。今後も提携した路線の駅に日本の鉄道と沿線の見どころを案内するコーナーが設置されると思われ、地元の人にとっても日本が身近に感じる存在となっていくだろう。

日台の鉄道交流が発展

●台日同名駅観光プロモーション

2013年の台湾と日本との相互旅客数は約376万人（台湾観光局発表の統計人数）となり、日台間の旅客数は年々増加する傾向が顕著になってきた。そこで、台湾観光局では、台湾鐵路管理局や台湾観光協会、公益社団法人日本観光振興協会、一般社団法人日本旅行業協会とともに、「同じだけど違う。違うけど同じ。台湾と日本に会いに行こう！『台日同名駅観光プロモーション』」を発表した。これは日台双方の旅客が活発に往来し、観光することでお互いの文化や風習に興味を抱き、見聞を広め、理解を深めていけるというもので、台湾と日本に存在する同名の鉄道駅をキーワードに、多彩な台湾・日本への旅を促進するものである。

2014年3月10日、台湾観光親善大使に任命された雅楽師の東儀秀樹氏や台湾鐵路管理局の鹿潔身副局長（現在の局長）が出席し、盛大に発表会が行われた。このプロモーションのキックオフ記念企画として、32の駅名と同じ名前の人を抽選で各1名「駅長体験付　3泊4日の台湾旅

台湾観光親善大使に任命された雅楽師の東儀秀樹氏を迎えて発表会が行われた

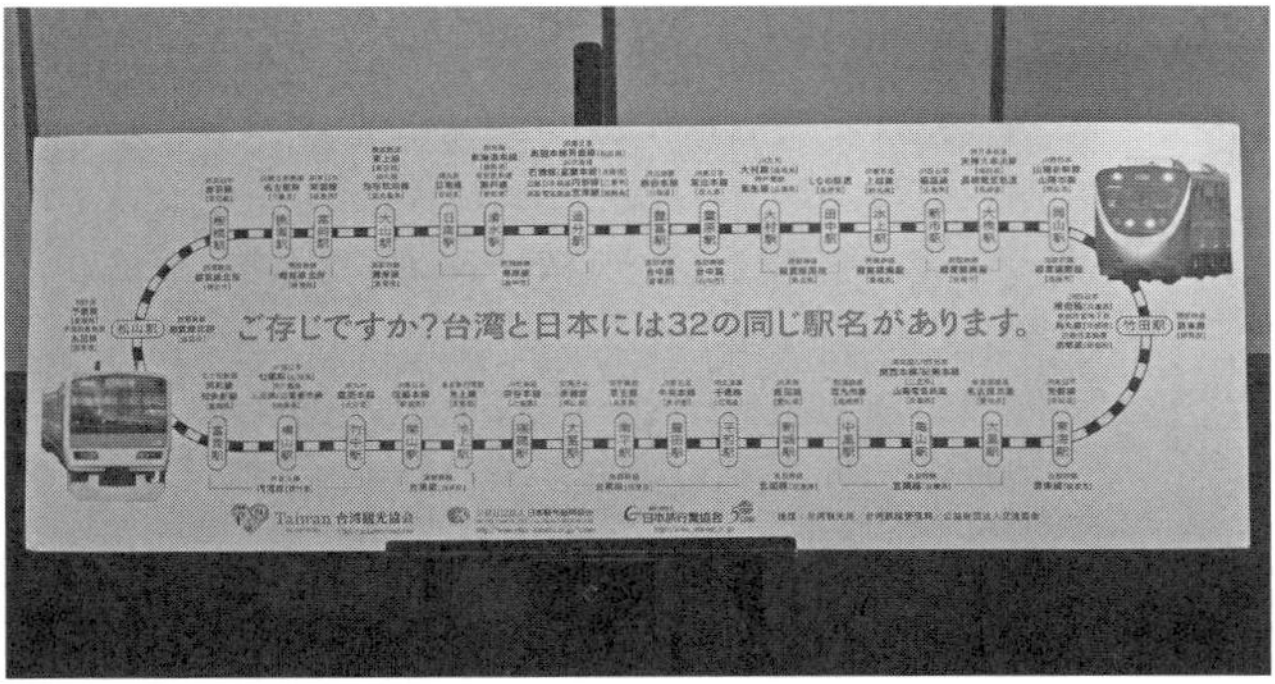

日本と台湾にある同名の32駅を紹介するパネルが作成された

行」へ招待する「台日同名32駅と同名さん大募集！」を実施することとなった。これは台日同名32駅のいずれかと同じ名字（漢字表記・本名）である証明書類が提出できる人に限られるが、同名駅が32もあることの驚きが台湾旅行へのきっかけになるものと期待された。

同年11月24日から27日まで台湾に招待された32駅と同じ名字の人たちは、演歌歌手の小林幸子を団長とする「駅長体験付台湾旅行ご招待企画」で訪台。自分と同じ名前の駅を訪れて一日駅長に就任するなどの各種イベントに参加している。これらのイベントは台湾現地のテレビ放映などで大きく紹介され、日本と台湾の歴史的な深い繋がりと親近感が広く伝わるものとなった。

■台日同名の駅一覧（台鐵の路線名・日本の鉄道会社と路線名）

・松山駅（縦貫線北段・JR予讃線、平成筑豊鉄道糸田線）
・板橋駅（縦貫線北段・JR赤羽線）
・桃園駅（縦貫線北段・近畿日本鉄道名古屋線）
・富岡駅（縦貫線北段・JR常磐線）
・大山駅（縦貫線海線・JR指宿枕崎線、東武鉄道東上線）
・日南駅（縦貫線海線・JR日南線）
・清水駅（縦貫線海線・JR東海道本線、名古屋鉄道瀬戸線）

・追分駅（縦貫線海線、成追線・ＪＲ奥羽本線、ＪＲ男鹿線、ＪＲ石勝線、ＪＲ室蘭本線、近畿日本鉄道内部線、京阪電気鉄道京津線）
・豊富駅（台中線・ＪＲ宗谷本線）
・豊原駅（台中線・ＪＲ東北本線）
・大村駅（縦貫線南段・ＪＲ大村線、神戸電鉄粟生線）
・田中駅（縦貫線南段・しなの鉄道線）
・水上駅（縦貫線南段・ＪＲ上越線）
・新市駅（縦貫線南段・ＪＲ福塩線）
・大橋駅（縦貫線南段・西日本鉄道天神大牟田線、長崎電気軌道）
・岡山駅（縦貫線南段・ＪＲ山陽本線）
・竹田駅（屏東線・ＪＲ播但線、京都市交通局烏丸線、近畿日本鉄道京都線）
・東海駅（屏東線・ＪＲ常磐線）
・大里駅（宜蘭線・名古屋鉄道名古屋本線）
・亀山駅（宜蘭線・ＪＲ関西本線、ＪＲ紀勢本線、山陽電気鉄道本線）
・中里駅（宜蘭線・松浦鉄道西九州線）

・新城駅（北廻線・JR飯田線）
・平和駅（台東線・JR千歳線）
・豊田駅（台東線・JR中央本線）
・南平駅（台東線・京王電鉄京王線）
・大富駅（台東線・JR赤穂線）
・瑞穂駅（台東線・JR宗谷本線）
・池上駅（台東線・東京急行電鉄池上線）
・関山駅（台東線・JR信越本線＊現在はえちごトキめき鉄道）
・竹中駅（内灣線・JR豊肥本線）
・横山駅（内灣線・JR七尾線、神戸電鉄三田線、神戸電鉄公園都市線）
・富貴駅（内灣線・名古屋鉄道河和線、名古屋鉄道知多新線）

●周永暉台鐵局長が観光局長に就任

日本の鉄道との交流の礎を築いた台湾鐵路管理局の范植谷局長（現在は交通部常務次長）の後を引き継ぎ、２０１４年４月７日に台湾鐵路管理局の新局長に就任したのが周永暉氏である。国

交通部観光局長に就任した元台湾鐵路管理局の周永暉局長

立交通大学で運輸工程博士を取得し、シンガポール国立大学の李光耀（リー・クワンユー）公共政策学院で研究生活も送ったという経歴の持ち主であるが、台鐵局では列車の車掌など現場経験もある「鉄道博士」として知られている。就任直後の4月30日に秋田県の由利高原鉄道鳥海山ろく線と台鐵平溪線との姉妹鉄道協定を締結したのを皮切りに、同年には千葉県のいすみ鉄道、関西の山陽電気鉄道、さらに２０１５年から２０１６年にかけて新たに９つの鉄道会社および西武ホールディングス、鉄道総合技術研究所との協定を締結するなど、日本と台湾の鉄道交流を発展させてきた。

日本から台湾を訪れた訪台旅客は、２０１６年１月から８月までの累計で１２０万７３３３人（前年比＋19・３％）。台湾から日本を訪れた訪日旅客は

観光局長就任後の初の海外事業として日本からの観光客誘致を推進する

298万8022人（前年比+17・5％）を数えることになり、台湾と日本の双方における交流人口は年々増加の一途を辿っている。2016年5月に台湾の宜蘭県で開催された「台日観光サミット」の席上では、「台日交流人口600万人」の目標が掲げられたが、この目標達成も現実味を帯びるような勢いで航空便の増強などが行われている。
周永暉局長が日本の鉄道各社と取り組んできた数多くの友好鉄道協定や姉妹鉄道協定は、単に「鉄道交流」の域を超えた地方自治体も含む相互観光交流として際立つ成果を得られたものであり、その手腕が買われて2016年9月19日に観光局長への就任が決定したものである。台鐵局長時代には「台湾美食展」における鉄道PRエリアでの駅弁コーナー（日本の駅弁も販売）の設置や、提携会社のラッピング車両の運行など、日本と台湾の双方で話題となるプロモーションやイベントが行われ、大きなビジネスチャンスを得ていた。

観光局長への就任直後の10月7日に品川プリンスホテルに日本の報道機関を招き、「幸福感」あふれる台湾旅行への環境づくりや、リピーター客のニーズに応えられる観光事業に挑む姿勢を見せてくれた。観光推進という無限に広がる大きなフィールドに取り組む手腕に期待が寄せられるとともに、今後の日本と台湾の相互交流にも力を発揮してくれるだろう。

日台鉄道交流年表

1986年1月25日 大井川鐵道と阿里山森林鐵路が姉妹鉄道協定を締結
2012年3月12日 JR北海道と台湾鐵路管理局がSL姉妹列車提携を締結
2013年3月9日 台北駅の台鐵便當本舗において「台鐵・北海道特色便當」の発売開始
4月20日 黒部峡谷鉄道と阿里山森林鐵路が姉妹鉄道協定を締結
4月23日 江ノ島電鉄と台鐵・平溪線が観光連携協定を締結
5月1日 江ノ島電鉄と台鐵・平溪線の乗車券交流キャンペーンがスタート
10月13日 JR四国・松山駅と台鐵・松山駅が姉妹駅協定を締結
2014年3月10日 「台日同名駅観光プロモーション」がスタート
4月1日 江ノ島電鉄と台鐵・平溪線の乗車券交流キャンペーンが1年間延長
4月30日 由利高原鉄道鳥海山ろく線と台鐵・平溪線が姉妹鉄道協定を締結
8月28日 姉妹鉄道協定の締結に向けて台鐵局一行がいすみ鉄道を訪問
いすみ鉄道と台湾鐵路管理局との姉妹鉄道協定の仮調印式を開催
10月27日 台北のホテルにおいて森田健作千葉県知事主催の「千葉の夕べ」を開催
10月28日 いすみ鉄道と台鐵・集集線が姉妹鉄道協定を締結
12月22日 山陽電気鉄道と台鐵・宜蘭線が姉妹鉄道協定を締結
山陽電気鉄道・亀山駅と台鐵・龜山駅が姉妹駅協定を締結
2015年1月20日 山陽電気鉄道が訪日客用の「姫路ツーリストパス」を発売
2月11日 いすみ鉄道と台鐵・集集線の乗車券交流がスタート

2月12日　JR東日本・東京駅と台湾鐵路管理局・新竹駅が姉妹駅協定を締結
2月26日　京浜急行電鉄と台湾鐵路管理局が友好鉄道協定を締結
　　　　京浜急行電鉄が台北駅構内でイベントを開催（26・27日）
3月14日　西武ホールディングスと台湾鐵路管理局が友好協定を締結
　　　　西武鉄道と台湾鐵路管理局が姉妹鉄道協定を締結
3月17日　西武鉄道と台湾鐵路管理局が台北駅貴賓室で協定締結式典を開催
4月1日　江ノ島電鉄と台鐵・平溪線の乗車券交流キャンペーンが1年間延長
4月11日　西武プリンスドームの公式戦で「台湾デー」イベントを開催（11・12日）
4月13日　新宿・川越の西武プリンスホテルが「台湾料理キャンペーン」を開催
5月24日　京急ファミリー鉄道フェスタ2015の会場で「台鐵便當」を販売
　　　　京浜急行電鉄が「台鉄×京急友好鉄道協定締結記念乗車券」を発売
6月9日　西武鉄道が「臺灣鐵路×西武鉄道　姉妹鉄道協定締結記念乗車券」を発売
7月17日　台北世界貿易センターで「2015鐵路便當節」を開催（～20日）
7月23日　江ノ島電鉄と台湾観光局などが観光プロモーション協定を締結
8月25日　日本の鉄道3社と台湾鐵路管理局が「日台縦断！鉄道スタンプラリー」を開催
　　　　長良川鉄道越美南線と台鐵・内灣線が姉妹鉄道協定を締結
9月4日　台湾鐵路管理局が「内灣線一日週遊券記念2枚セット」を発売
　　　　長良川鉄道が「姉妹鉄道記念1日フリーきっぷ」を発売
　　　　長良川鉄道と台鐵・内灣線の乗車券交流がスタート

10月1日　由利高原鉄道30周年記念式典に台鐵局一行が来賓として参列
12月4日　JR西日本・大阪駅と台湾鐵路管理局・台北駅が姉妹駅協定を締結
台北駅1階の西側通路に「台日鐵道観光藝術區」がオープン
12月18日　東武鉄道と台湾鐵路管理局が友好鉄道協定を締結
東武鉄道と台湾鐵路管理局の特急列車に共通デザインのエンブレムを掲出
東武鉄道が「東武鉄道・台湾鉄路友好鉄道協定記念乗車券」を発売
東武鉄道と台湾鐵路管理局が乗車券交流サービスを開始
12月21日　山陽電気鉄道と台湾鐵路管理局が観光連携協定を締結
12月22日　山陽電気鉄道と台鐵・宜蘭線・平溪線エリアの乗車券交流がスタート
2016年1月25日　鉄道総合技術研究所と台湾鐵路管理局が技術協力協定を締結
2月22日　京浜急行電鉄が台鐵の普通列車をイメージしたラッピング列車の運行開始
2月25日　JR四国と台湾鐵路管理局が友好鉄道協定を締結
JR四国・松山駅と台鐵・松山駅の友好駅協定締結を2年間延長
2月26日　京浜急行電鉄の羽田空港国際線ターミナル駅に「台湾PRブース」を設置
3月15日　江ノ島電鉄と台湾鐵路管理局が友好鉄道協定を締結
5月1日　江ノ島電鉄と台湾鐵路管理局の「台日鐵道観光護照」交換がスタート
5月12日　台湾鐵路管理局が京急の赤い電車をイメージしたラッピング列車の運行開始
6月1日　IGRいわて銀河鉄道と台鐵・縦貫線台中山線が姉妹鉄道協定を締結
三陸鉄道と台鐵・縦貫線海岸線が姉妹鉄道協定を締結

6月8日　台鐵・松山駅の地下1階に「台鐵×JR四国交流館」がオープン
6月17日　江ノ島電鉄と高雄捷運（高雄メトロ）が観光連携協定を締結
東武鉄道が台鐵「普悠瑪號」をデザインした「りょうもう号」の運行開始
東武鉄道が「東武鉄道×台湾鐵路友好協定締結記念りょうもう号記念乗車券」を発売
訪日台湾人向けの乗車券交流サービスが両毛地区にも拡大
8月5日　台北世界貿易センターで「2016鐵路便當節」を開催（～8日）
8月12日　台北駅1階の台鐵夢工場においてJR東日本の駅弁を販売（～31日）
8月23日　「東北感謝祭」開催にあわせてJR東日本が東北の駅弁を販売
8月27日　天竜浜名湖鉄道天浜線と台鐵・集集線が姉妹鉄道協定を締結
天竜浜名湖鉄道天浜線と台鐵・集集線の乗車券交流がスタート
10月3日　台湾鐵路管理局が「日光詣スペーシア」の金色デザインをPP自強號に実施
11月28日　いすみ鉄道と台鐵・集集線の乗車券交流が2018年3月31日まで延長
12月31日　長良川鉄道と台鐵・内灣線の乗車券交流が2018年3月31日まで延長
2017年2月25日　JR四国と台湾鐵路管理局が友好鉄道協定締結1周年イベントを開催
3月18日　西武鉄道が協定締結2周年を記念してラッピング列車の運行開始
3月25日　JR北海道とのSL姉妹列車提携締結5周年を記念してSL列車を運転
4月1日　銚子電気鉄道と台鐵・蘇澳線が姉妹鉄道協定を締結

あとがき

2012年3月12日、台湾鐵路管理局としては初となる、日本の鉄道会社との協定が締結された。JR北海道のC11形と台湾鐵路管理局のCK124が姉妹列車提携をするという話の発端は、釧路臨港鉄道の会の会員（東アジア鉄道イソウロウ事務所）が、かねてから親交のあった伊藤一己氏と「日本と台湾の鉄道交流」について語り合ったことにあるという。伊藤一己氏は写真集『東アジア非自動地帯』を刊行した台湾でも著名なレールファンで、台湾鐵路管理局の范植谷局長をはじめとする台鐵局員や台湾の国会議員、県知事との親交もあり、日台鉄道交流に意欲を燃やしていた。1980年代から伊藤氏の訪台時に通訳兼コーディネーターとして同行していた台湾の葉日崇氏も協力し、三位一体となって姉妹列車協定の締結に向けて努力を重ねた結果、日本と台湾でSL列車の同時発車という夢のような行事が行われることとなった。

その後、台日鐵道交流事業促進協議會（現・台日鐵道交流促進協會）の会長に就任した伊藤一己氏は、由利高原鉄道の春田啓郎社長との偶然の出会いで姉妹鉄道協定の締結に向けて奔走し、さらに第三セクターの公募社長の繋がりにより、いすみ鉄道の鳥塚亮社長とも話を進めることになった。台湾鐵路管理局では、日台鉄道交流に理解を示して協力した范植谷局長が交通部次長へと栄転し、後任として周永暉氏が局長に就任した。日本の鉄道との交流が日台相互の交流人口の増加や友好に効果的であることを認識した周永暉局長は、日本の鉄道事業者から提案される姉妹鉄道協定や姉妹駅協定、友好鉄道協定などに積極的に取り組むこととなった。

日台間の鉄道交流の取り組みは、単に鉄道だけでなく相互の自治体が多方面に渡って協力し合う体制となり、台湾観光協会・(交社)日本観光振興協会・(一社)日本旅行業協会が主催した『台日同名32駅観光プロモーション』により、レールファンでなく多くの人に日台間の鉄道の繋がりが知れ渡ることとなった。さらに提携各社が「乗車券交流」や「日台縦断!鉄道スタンプラリー」などの交流イベントを実施し、それが台湾旅行・日本旅行への引き金になるという成果をあげることになった。

また、2011年3月の東日本大震災時には、世界各国から多大な支援が寄せられた。そして、日本政府は震災から1か月後に6か国の7紙に支援を感謝するメッセージ広告を掲載したが、震災からわずか1か月足らずで110億円近い義損金が集まった台湾の新聞へのメッセージ広告が行われなかった。台湾からの義援金は最終的に200億円を突破したのだが、世界最大の支援者となる台湾へ支援を感謝するメッセージ広告が掲載されなかったことに憤りを感じた日本人デザイナーが、ツイッターで台湾の新聞への広告掲載の支援を求めたところ、数日で日本各地から1900万円を超える寄付金が寄せられた。この寄付金で台湾の新聞紙上に感謝広告「ありがとう、台灣」（謝謝、台灣）を掲載したことが話題となり、日本と台湾の「絆」が大きく結ばれたという。

これまで「台湾」といえば「バナナ」しか思い浮かばなかった人でも、台湾の歴史や文化を知るきっかけになり、日台間の交流人口はこの数年に飛躍的に伸びることとなった。日本の地方空港と台湾を結ぶ航空便の開設や日本と台湾を結ぶＬＣＣ路線の充実、国内旅行感覚で行ける距離感などが後押しをしたこともあり、２０１６年には日本からの旅先のトップが台湾となった。さらに高校の海外修学旅行先として台湾を選ぶことも多くなり、２０１７年の日台間の交流人口は過去最高になると予想されている。

なお、本書では日本統治時代の歴史について、必要最小限のことを記述している。本書を読んで日本統治時代の鉄道に興味を持たれた場合は、交通新聞社新書０１３「台湾鉄路と日本人」および０４０「台湾に残る日本鉄道遺産」を読んでいただきたい。いずれも台湾の歴史や文化に精通した現在の台湾研究の第一人者である片倉佳史氏が、台湾における長年の研究調査を基に日本統治時代の台湾の鉄道を詳細に記したものである。

日本統治時代を含めた日本と台湾の交流は１２０年の歳月を経て、さらに結びつきの深いものとなっている。日台鉄道交流も新たな段階となっており、２０１７年度も新たな出会いと結びつきがあることだろう。最後に本書を執筆するにあたってご協力をいただいた日本と台湾の皆様にお礼を述べたい。ありがとうございました。

２０１７年3月　結解喜幸

主な参考文献

『台湾鉄道傳奇』（１９９２年・洪致文・時報出版）
『台湾鉄道印象』上・下（１９９８年・洪致文・南天書局）
『阿里山森林鉄路紀行』（１９９４年・洪致文・時報出版）
『台湾鉄道文化志』（２０１１年・洪致文・遠足文化）
『台湾鉄路と日本人』（２０１０年・片倉佳史・交通新聞社）
『台湾に残る日本鉄道遺産』（２０１２年・片倉佳史・交通新聞社）

このほか、各社のプレス資料・式典配布資料および台湾の各施設に設置された案内板・パンフレット、日本と台湾の雑誌・新聞記事を参考にしている。

結解喜幸（けっけよしゆき）
1953年、東京生まれ。幼少の頃から鉄道が好きで、暇さえあれば列車に乗って日本国中を旅していた。出版社勤務の後、旅行写真作家として国内・海外の取材を担当。30年以上前に訪れた台湾の鉄道の魅力に嵌り、すでに訪台歴300回を数える。『台湾一周鉄道の旅』（光人社）、『航空旅行術』（イカロス出版）などの単行本のほか、『台湾鉄道パーフェクト』（交通新聞社）、『台湾鉄道の旅完璧ガイド』（イカロス出版）、『鉄道ダイヤ情報』（交通新聞社）などで台湾の鉄道の魅力を発信中。近年は友人を誘っては、全国各地の列車に「乗って・呑んで・食べて」楽しむ「乗り鉄」兼「呑み鉄」を実践している。

交通新聞社新書108
台湾と日本を結ぶ鉄道史
日台鉄道交流の100年
（定価はカバーに表示してあります）

2017年4月15日　第1刷発行

著　者——結解喜幸
発行人——江頭　誠
発行所——株式会社　交通新聞社
http://www.kotsu.co.jp/
〒101-0062　東京都千代田区神田駿河台2-3-11
NBF御茶ノ水ビル
電話　東京（03）6831-6560（編集部）
東京（03）6831-6622（販売部）

印刷・製本—大日本印刷株式会社

ISBN978-4-330-77217-2